Claude Couderc

Claude Couderc est écrivain, journaliste et réalisateur de grandes enquêtes pour la télévision ; il est actuellement directeur de magazines sur France 3.

MOURIR À 10 ANS

suivi de

LA TENTATION DU SUICIDE

DU MÊME AUTEUR

CHEZ POCKET

C'EST SÛR, LA VIE SERA BELLE
NOS ENFANTS FACE À LA DROGUE
LE MAL D'ENFANCE
LES ENFANTS DE LA VIOLENCE
LE PETIT
UN AMOUR CLAIR-OBSCUR

CLAUDE COUDERC

MOURIR À 10 ANS

suivi de

LA TENTATION DU SUICIDE

par le professeur Mazet

FIXOT

ISBN : 2.266.04710.8

A Françoise, pour le partage de « L'heureux temps de la lenteur... » peuplé d'enfants...

Il ne faut pas de tout pour faire un monde. Il faut du bonheur et rien d'autre.

Paul Éluard

Kevin

L'enfant s'avance dangereusement vers le bord de la falaise. La pluie est forte, continue. Depuis une semaine, le vent, la grêle violentent passionnément tout ce côté de la Bretagne. La mer et le ciel, d'un bleu profond, presque noir, se confondent. Kevin, malgré l'interdiction de sa mère, est allé sur le sentier côtier battu par la bourrasque.

Il lève la tête. La rage des rafales est telle qu'elles lui tirent les traits jusqu'à les déformer. Il a une allure de petit chat sauvage. Cheveux bruns, coupés en épis inégaux par sa mère, les oreilles légèrement décollées, il a les yeux d'un noir profond, qui donnent à son visage une expression de gravité inattendue chez un enfant de dix ans.

Il n'est pas bien grand, le bonhomme, pas très lourd non plus. Aussi, quelquefois, la pression du vent est telle qu'il doit s'accrocher à un buisson pour ne pas se laisser renverser.

Kevin s'arrête un instant et regarde, fasciné, le spectacle fou de la mer qui se fracasse sur les rochers couverts d'algues et inondés d'écume laiteuse et bouillonnante. Tout autour de lui, les pauvres haies de genêt sont ébouriffées, écartelées. Un peu plus loin, sur une corniche, la statue de saint Gwénclé semble vouloir défier les éléments... Le vent siffle, rugit de plus belle, comme s'il manifestait sa colère devant la résistance de la statue massive – inébranlable sur son socle, malgré l'érosion du temps. Elle est couverte de goémon et de lichen d'un jaune si doré, qu'il scintille presque dans ce paysage de lande et de roches noires.

Kevin marche maintenant, courbé, la tête baissée, pour éviter les embruns et le sable qui s'immiscent partout. Il protège sa bouche de la main, mais le vent entre par son nez et l'empêche presque de respirer. Son ciré jaune, trop grand pour lui – il l'a emprunté à son frère aîné –, ruisselle. Son visage est picoté par les aiguilles de pluie.

A présent, la tempête s'est un peu calmée. Kevin déploie les bras, comme s'il voulait imiter les ailes d'un goéland. Les manches trop larges du ciré claquent au vent. L'enfant agite encore ses bras comme s'il cherchait à s'envoler... Il est à peine à un mètre de la falaise.

Beaucoup plus bas, l'eau tourbillonne dans une sorte de siphon noir, hostile, dans lequel s'entremêlent des morceaux de bois, des bouteilles le cul en l'air, de vieux bidons et toutes sortes d'objets, comme les restes d'un naufrage. L'enfant ne peut détacher son regard de ce magma dantesque, en furie.

La lumière est comme vitrifiée. Le vent porte des odeurs confuses, lointaines, entre le soufre et l'ammoniaque, insupportables, qui donnent la nausée. L'air est plein de volutes blanches, séquelles de la pollution mélangée à l'écume.

De la grande poche de son ciré, Kevin sort un cahier d'écolier, protégé par une couverture de plastique rouge. Il se baisse et le dépose sous une grosse pierre, puis il se retourne un instant, juste le temps d'apercevoir la pointe grise du clocher du village et d'entendre le cri aigu d'une mouette.

L'oiseau agite ses ailes, regarde de son œil mort en direction de l'enfant et pousse un nouveau cri strident.

Kevin vient de sauter dans le vide.

Dernier témoin d'une vie, la mouette s'envole.

– C'est pas possible. C'est pas possible. Je ne veux pas le croire qu'il s'est suicidé ! Pas à cet âge-là ! C'est pas possible ! répète inlassablement Loïc, dix-sept ans, le frère aîné de Kevin.

Les poings serrés dans les poches de son jean, la mâchoire crispée, le front appuyé sur le carreau froid de la fenêtre de sa chambre, Loïc fixe obstinément le séchoir à linge installé dans le jardin, entre deux arbres. Sur le fil, un polo du petit Kevin flotte encore au vent.

Loïc contient autant qu'il le peut son émotion. C'est un dur, Loïc ; c'est du moins ce qu'on en dit au village. Cheveux ras, habillé de son habituel Bombers, le blouson en nylon noir, grosses rangers à lacets, il a toute la panoplie du skinhead, y compris les tatouages sur l'avant-bras gauche.

Il tourne la tête et l'on reste confondu par la finesse de son visage et la beauté de son regard bleu, transparent, étrange, inhabituel. Ses traits ont encore la fraîcheur, l'ingénuité de ceux d'un enfant. Tout est contraste en lui.

– Merde, merde, c'est trop con ! Pauvre môme. Et moi, je n'ai rien vu, rien compris. Personne n'a rien compris !

Loïc marche de long en large dans la pièce. Aux murs, il y a des posters de Stallone, dans *Rambo II*, et de David Bowie en concert. Contraste encore, qui nous dit des choses sur la complexité de la personnalité de cet adolescent. De la pointe de sa ranger, il donne un coup de pied dans un tabouret, qui va se briser contre le montant du lit militaire, qui occupe un coin de la chambre.

– J'étais fou, ma parole, quand j'ai vu tous ces gendarmes près de la maison. J'ai pensé qu'on nous accusait d'avoir encore fait des conneries ! Mais c'était pas le genre de Kevin. Il était calme, lui. Mais, les gendarmes, ils ne m'ont pas regardé comme d'habitude. Alors, j'ai commencé à me poser des questions. Ils tournaient la tête vers moi d'un air triste, vraiment d'un air triste, et puis, moi, par habitude, je les ai regardés méchamment.

Loïc s'assied un instant sur le bord de son lit, baisse la tête, se relève, passe une main nerveuse dans ses cheveux ras et retourne se poster lentement devant la fenêtre.

– Je sais pas pourquoi je me sentais tellement agressif. Je suis rentré dans la maison, j'ai vu ma mère. Elle ne pleurait pas. Son visage était blanc, avec de grands cernes violets autour des yeux. Elle osait pas me regarder. Elle ne pouvait pas parler, tant son menton tremblait. C'est le brigadier qui me l'a dit. Je suis allé dans ma chambre sans rien dire, et j'ai tout cassé en hurlant comme un chien. J'avais mal, si mal, comme un coup de couteau dans le ventre. Je ne pouvais plus respirer. Ils m'auraient dit, les gendarmes : « Ton frère est mort, il a eu un accident », j'aurais pu le comprendre... mais là... non! Le suicide, je voulais pas y croire. Mais qu'est-ce qu'on a fait, bon Dieu, pour que ça se passe?

Loïc marque un temps, passe sa main machinalement sur le carreau de la fenêtre et reprend presque à voix basse :

– Il était chouette, le môme, pas chiant, pas con. Il bossait bien à l'école, lui! Le matin, on avait même joué aux échecs tous les deux.

Loïc renifle et glisse une main dans la poche arrière de son jean. Dehors, une petite pluie fine s'est mise à tomber. L'adolescent reprend son souffle et lance avec colère :

– Il fallait encore que ça tombe chez nous! et dans ce village à la con! Comme s'il n'y avait pas eu assez d'emmerdements chez les Tanguy! On est maudits ou quoi?

La famille Tanguy s'est installée au village il y a tout juste huit ans. Le père a fait carrière dans la marine. Bien qu'il n'ait que cinquante ans, il est déjà à la retraite. C'est un homme que l'on dit taciturne, bourru. Il ne s'est jamais défait de son uniforme de quartier-maître. Au bistrot, on l'a toujours vu ainsi : la casquette vissée sur le côté et éternellement habillé de son vieux caban lustré. L'a-t-on jamais entendu dire autre chose, ici, dans le bar-tabac que :

– M'sieurs dames... un petit noir et mon *Télégramme,* s'il vous plaît.

Son journal local, il n'en finit pas de l'éplucher tout au long de la journée, dans la cuisine du pavillon, construit à l'écart du village. Un pavillon pas tout à fait fini... Des échafaudages ont rouillé sur la façade. Le crépi n'a jamais été achevé. Des herbes folles ont envahi tout le jardin. M. Tanguy laisse ainsi aller les choses...

– On dirait qu'il a renoncé à tout, cet homme, dit une voisine.

Elle ajoute :

– On le voit souvent avec le gosse, il a l'air de bien l'aimer.

C'est vrai qu'ils sont souvent ensemble. Le père amène

Kevin à la chasse. Mais échangent-ils seulement trois mots, durant leurs matinées à courir les champs?

La mère a élevé pratiquement seule les trois enfants dans le quartier du port, à Lorient. C'est une femme vive, intelligente. Alors qu'elle manifestait d'excellentes aptitudes, elle a été contrainte d'abandonner sa scolarité à quinze ans. Elle parle juste, avec bon sens. Elle ne fréquente pas ses voisins et ne s'attarde pas chez les commerçants. Ses enfants constituent sa préoccupation essentielle. C'est avec Kevin qu'elle prétend avoir une plus grande complicité.

– Cet enfant, je sais pas, moi, il ne sent pas les choses comme les autres... Il aime bien rester avec moi... On passe des journées entières tous les deux, seuls. Il me fait rire, il a beaucoup d'humour pour un enfant de son âge.

Mme Tanguy parle peu de sa fille Gaelle. Elle dit :

– Avec elle, la communication est plus difficile. Elle est timide, je ne sais trop comment la prendre.

Gaelle a seize ans. Tout en elle témoigne de ses origines bretonnes : visage aux pommettes hautes, saillantes et rouges, lèvres fines, qui s'ouvrent pour laisser passer l'accent du Finistère sud; yeux plissés, qui tirent sur le doré. Elle s'exprime peu et tente avec difficulté de se maintenir en classe de troisième. Elle tient un journal, qui reste un mystère pour la famille. Kevin, comme sa sœur, écrit; il raconte ses journées et tout ce qui lui passe par la tête. Si son frère le taquine, ou s'il n'est pas content, il lance rageusement comme une menace :

– Je m'en fous... je le dirai à mon cahier rouge!

Quelques jours avant le drame, Kevin a consigné dans son cahier, de son écriture appliquée et légèrement anguleuse, un événement qui a dû particulièrement l'affecter et qu'il a barré rageusement. On parvient à lire, cependant, deux mots : « marre », « village ».

Ce village de deux mille âmes environ est très souvent au centre des discussions et des préoccupations de la famille Tanguy. Elle ne s'y sent pas bien, y éprouve un sentiment de mise à l'écart et de rejet qui s'est accentué d'année en année. A propos des habitants, Loïc se montre le plus virulent.

– Moi, ils n'ont jamais pu me piffer! A l'école primaire, c'est simple, dès qu'il y avait une connerie de faite, c'était forcément moi ! Alors Kevin, évidemment, c'était l'héritier de la famille. Mais, avec lui, ils étaient emmerdés, parce que c'est un calme, Kevin. Au village, moi, maintenant, je n'y vais plus... Surtout depuis la bagarre à la salle des fêtes.

Ce samedi-là, dans l'après-midi, Loïc propose à Kevin de l'accompagner au bal.

La salle est comble. On est venu des villages voisins. Tout le monde est endimanché. Robes à fleurs et en mousseline pour les femmes aux visages lourdement fardés. Elles sont nombreuses à danser ensemble. Les hommes, pour la plupart, portent le costume noir avec la chemise blanche. D'emblée, en poussant la porte, on a l'impression que le temps s'est arrêté ici. C'est le bal des années cinquante, avec ses flonflons, ses séries de tangos et de valses qui n'en finissent plus... Le bal du samedi après-midi est plutôt réservé aux quinquagénaires et plus. Une vingtaine de jeunes, pourtant, s'agglutine au comptoir, devant des rangées impressionnantes de canettes de bière. Ils regardent, dubitatifs ou moqueurs, les anciens qui « s'éclatent » sur le parquet ciré de la piste. Autour, les tables et les chaises sont scellées au sol. On ne sait jamais... Les têtes sont tournées vers le maire qui fait danser une de ses plus opulentes administrées. Les commentaires vont bon train :

– Il est bien vert, notre maire...

– Chaud lapin, oui !

– Et regarde-moi comme la Maelle elle frotte, à son âge.

Maelle, c'est la crêpière du village. Elle s'installe avec sa fourgonnette tous les jeudis, jour de marché, sur la place. On vient de loin pour son coup de main. Personne, alentour, ne réussit aussi bien qu'elle la pâte à crêpes. Mais ce n'est pas là son seul talent...

– T'as vu les seins de Maelle ? chuchote Loïc à l'oreille de son petit frère.

Kevin hausse les épaules.Il s'en moque bien, lui, de la poitrine de la crêpière. Il est vrai qu'elle porte une robe particulièrement échancrée, qui met très avantageusement en relief sa quarantaine souriante et débordante de vie. Autour du bar, les jeunes gloussent sur son passage ou sifflent avec admiration. On dit aussi qu'elle en a éveillé plus d'un. Morgan, le fils du coiffeur, un grand rouquin frisé et pas très futé, le rappelle à la bande.

– Moi, elle me l'a fait trois fois. C'est une bonne, la Maelle. Et à toi, Loïc?

– Qu'est-ce que ça peut te foutre, répond sèchement l'adolescent.

– Tu vas pas me faire croire que t'y es pas passé, sous les doudounes de la Maelle? Toi aussi, elle t'a baisé... Parce que, attention les gars, on ne baise pas la Maelle : c'est elle qui nous baise! Et vas-y que je te monte dessus et que je te l'agite!

Morgan joint le geste à la parole. Il secoue violemment sa canette de bière, un doigt sur le goulot, et libère d'un coup la pression. Un jet de mousse vient éclabousser Loïc.

– T'es con ou quoi, rugit Loïc. Si tu veux un pain, tu vas t'en prendre un!

– Excuse, mec. Mais avoue que c'est une bonne affaire, Maelle!

– Ferme-la, y a le môme!

– Si tu y es passé, il faut qu'il y passe aussi... Hein, Kevin, que tu voudrais y goûter?

Loïc vient de pousser brutalement Morgan. Celui-ci s'accroche au comptoir pour ne pas tomber. Kevin devine aussitôt que la situation va mal tourner. Il s'interpose entre les deux garçons.

– Laisse Loïc! arrête! supplie l'enfant.

– Dégage, le môme! hurle Morgan.

Il vient de le prendre par le bras et le projette de toute sa force sur le côté. Kevin se heurte à une table. Un léger filet de sang s'écoule de sa lèvre. Loïc a déjà empoigné Morgan. Ils roulent à terre. Les coups fusent de toute part. Les copains du fils du coiffeur se ruent également sur Loïc.

– Évidemment, raconte plus tard l'adolescent, le maire a appelé les gendarmes... et qui c'est qui a écopé d'une amende? C'est moi! Ils s'en foutaient pas mal que Kevin saigne!

Tout au long de ces années, les incidents se multiplient. Loïc traîne derrière lui la suspicion, la médisance.

– C'est vrai, avoue-t-il, je ne suis pas un saint, mais de là à me faire porter systématiquement le chapeau, ça fout les boules à la longue.

Kevin semble se tenir à l'écart de la mésentente de sa famille avec le village.

La mère, elle, ne cesse de prendre parti pour ses enfants.

– On était là à peine depuis deux jours, et déjà on accusait mes gosses pour des broutilles de mômes. Le village ne nous aime pas. On ne s'est pas coulés dans le moule. Je ne travaille pas, mon mari non plus, ça n'a pas plu, évidemment! On vit pourtant modestement sur la retraite de mon mari et les allocations. On n'a jamais pu finir la maison, alors...

Mme Tanguy parle d'une voix atone. Elle est assise devant la table de la cuisine, les deux mains posées à plat sur la toile cirée écornée qui se défait de ses couleurs. Le visage de la maman de Kevin exprime une grande lassitude. Elle se mordille les lèvres. Ses yeux sont brillants, fiévreux.

– Oui, le village ne nous aime pas. Ici, les gens sont comme des sauvages. C'est une région qui est...

Elle hésite un instant, passe une main fatiguée sur son visage et reprend :

– C'est une région qui est dure, très dure. Moi, j'étais d'un village voisin. On n'aurait jamais dû s'installer ici. Mais le terrain était moins cher... On sait bien que, dans certains coins de la Bretagne, on ne communique pas facilement, mais, ici, c'est vraiment un exemple d'indifférence. Ça finit même par déteindre sur nous. On ne parle presque plus entre nous. Loïc est souvent absent. Il a trouvé un boulot comme commis de restaurant, à quinze kilomètres de là... Il n'est pas fainéant. Il va au boulot en auto-stop... Avec Gaelle, j'arrive pas bien à parler. Elle ne dit rien, Gaelle; il faut lui arracher les mots de la bouche. Elle est réservée, et puis ça ne marche pas très bien à l'école. Kevin, lui, c'est le seul qui discute avec moi.

Mme Tanguy parle toujours de Kevin au présent. Elle ne peut admettre, aujourd'hui encore, sa disparition. Elle prend soudain sa tête entre les mains et elle poursuit, d'une voix sourde, lointaine :

– C'est triste, c'est si triste la vie sans lui. Et mon mari, maintenant, il ne parle plus.

Le père s'est installé depuis de longs mois dans le silence, dans la non-existence presque. Il ne prend la parole que très rarement, préfère rester à distance des gens, de sa famille, des événements. Pourtant, il n'a jamais été un grand bavard, surtout depuis la retraite. Il passe son temps à se remémorer la mer, les pays lointains.

Autrefois, il en évoquait parfois le souvenir avec Kevin.

Le père pose la mappemonde sur la table et fait courir son doigt sur les reliefs marron, sur les bleus des océans, de la Baltique à l'Afrique. Il récite son habituelle litanie géographique, se rappelant avec nostalgie, tous les continents et tous les ports par lesquels il est passé. Kevin l'écoute avec une attention un peu jouée, un peu exagérée.

– Tu vois, là, c'est Reykjavik... Il faut que tu lises ça, *Pêcheurs d'Islande*, de Pierre Loti, c'est magnifique! Et puis, là, regarde, c'est Porto, la ville aux mille odeurs. Là, c'est Banjul, en Gambie. Et puis, dessous, la Casamance, avec ses arbres et sa végétation extraordinaire et plus bas, au large de la Guinée-Bissau, l'archipel des Bissagos. Je peux t'assurer que, là, personne ne connaît! Même les cartes marines de ce coin-là sont imprécises... C'est une succession d'îles mystérieuses, hostiles. Les autochtones pêchent et chassent avec des arcs et des flèches.

– Ah bon? lance Kevin en forçant légèrement son étonnement.

Son père l'a à peine entendu et poursuit son voyage.

– Là, il y a des courants terribles. Et là, tout à la pointe de l'Afrique, c'est le cap de Bonne-Espérance. Tu peux pas t'imaginer comme c'est beau.

Kevin ne pose plus de question. Il a si souvent fait le périple; il a si souvent entendu les histoires de son père.

– Il disjoncte, le père, toujours à raconter ses guerres et ses voyages, se moque Loïc.

Ils sont là, tous les deux, le petit et le grand, devant une nouvelle partie d'échecs.

– Cette fois, je t'écrase, minus, se vante Loïc.

– On va bien voir, répond Kevin, placide.

Dès qu'il déplace sa première pièce, son visage devient plus tendu, plus grave. Ils restent ainsi plus de trois heures, ce dimanche après-midi, à enchaîner les parties dans la chambre de l'aîné. Kevin a vraiment le sens du jeu. Il est vif et réfléchi à la fois. C'est ainsi que le grand se retrouve très régulièrement battu et furieux. Il n'aime pas perdre.

Rien n'indique, durant cet après-midi, la plus petite inquiétude, la moindre parcelle d'anxiété dans le comportement de l'enfant.

Une seule fois, pourtant, quinze jours avant le drame, au moment des grandes tempêtes sur la Bretagne, sa sœur Gaelle l'a trouvé préoccupé.

Kevin vient de rentrer de l'école. Il est assis au pied de la porte qui donne sur le grenier. Les jambes repliées sous le menton, le regard fixe, il a un petit air perdu.

– Qu'est-ce que tu as? interroge l'adolescente.

Elle s'accroupit et pose sa main sur l'épaule de son petit frère. Kevin secoue la tête avec agacement et répond sèchement :

– J'ai rien. Laisse-moi!

– Si, tu as quelque chose, tu as vu la tête que tu fais!

– Fous-moi la paix!

– Pourquoi tu restes là, le père t'a engueulé?

Il est vrai que, quelquefois, le père pique sa crise, comme ça, sans grande raison. La mère dit, comme pour l'excuser :

– C'est à cause des colonies, des restes du paludisme peut-être.

En fait, M. Tanguy ne supporte pas trop sa retraite. Son inaction lui pèse et il ne manque pas de mauvaises langues pour faire remarquer que c'est assez scandaleux, un homme si jeune déjà à la retraite. On ajoute même qu'il boit certainement en cachette, chez lui, puisqu'on ne le voit pas dans les bistrots du pays.

Gaelle presse la main de son petit frère, lui parle avec beaucoup de tendresse.

– Tu ne veux pas me dire?

Il la repousse brutalement, soupire et laisse échapper :

– Foutez-moi tous la paix! J'en ai marre de ce pays, de cette école, de cette famille!

Il se lève brutalement, court à l'extrémité du couloir, saisit le ciré jaune de Loïc et dévale les escaliers.

– Reste là, Kevin! hurle Gaelle. Il y a trop de vent, c'est la tempête... reste là!

Kevin n'entend plus. Il a déjà tiré la porte de la maison.

Claquement sec, ronflements sourds, les arbres effeuillés, ballottés résistent aux assauts fous de la bourrasque. Les nuages courent à toute vitesse et libèrent de temps en temps une traînée de ciel bleu. L'hiver fait ses adieux avec fracas. Ça craque et gémit de toute part. Une humidité forte s'échappe de la terre gorgée d'eau.

Kevin marche dans le bois, le nez en l'air, prudemment, guettant la chute éventuelle d'un arbre.

L'enfant est maintenant à une cinquantaine de mètres de l'étang.

Les hêtres et les saules qui ceinturent le plan d'eau sont secoués en tout sens. Les roseaux et les ajoncs sont couchés par la force du vent, qui rugit de plus belle. Kevin, assis sur une branche basse, contemple le ballet des cols-verts, indifférents à la colère de la nature.

L'enfant reste ainsi plus d'une heure, puis se décide enfin, trempé et couvert de boue, à rentrer chez lui.

– Ouvre, Kevin! Je sais ce qui s'est passé : Mme Karadec m'a téléphoné. Ouvre, je te dis! Sois gentil, écoute!

Kevin s'est enfermé dans sa chambre. Les vêtements mouillés, il grelotte. Sa mère tambourine à la porte. Il ne veut pas ouvrir. Entre deux claquements de dents, il parvient à articuler :

– C'est une conne, cette institutrice! Je ne veux plus y aller, dans cette école!

– Elle m'a affirmé que personne ne t'a accusé, répond la mère.

– Tu parles... personne ne m'a accusé, mais ils ont tous regardé dans ma direction. C'est chaque fois la même chose.

– Je sais, Kevin, mais ouvre-moi. Arrête de bouder. J'irai la voir ton institutrice.

– Surtout pas! hurle Kevin. Ils vont dire que je vais pleurer chez mes parents.

– C'est normal que tu me dises...

– Je suis sûr qu'elle aussi, elle a pensé que c'était moi qui l'avais volé, ce stylo.

– Mais non! tu es bête!

– Qui c'est alors qui l'a volé?

Kevin vient de crier. Sa mère frappe une nouvelle fois à la porte derrière laquelle l'enfant s'est adossé.

– Personne. Yann l'a retrouvé au fond de son cartable, coincé dans un livre. Il y tenait, tu sais, il l'a eu pour sa communion.

– Il est con, ce Yann, je ne lui parle plus!

De l'index, Kevin explore nerveusement son nez et tire de l'autre main une mèche de cheveux, toujours la même – derrière l'oreille –, qu'il enroule avec application autour d'un doigt. Il laisse échapper un gros soupir et pleure doucement.

– Yann, c'est quand même ton copain, murmure sa mère.

– Plus maintenant, dit l'enfant entre deux sanglots.

C'est vrai, pourtant, que Kevin et Yann sont inséparables. Le hasard les a placés côte à côte en classe. Cependant, Yann n'est jamais venu chez Kevin. Ce dernier n'a jamais invité son camarade. Il est vrai que la maison, avec son allure de « pas finie », n'est pas très séduisante. Il en a un peu honte, Kevin. Aussi, il n'ose pas non plus aller chez son copain.

– Il restait devant la porte, raconte la maman du petit copain. Il appelait Yann ou il sonnait, et il attendait devant le garage, sans oser aller plus loin. Il avait téléphoné, le matin du drame. Il m'a dit : « C'est Kevin, est-ce que je pourrais jouer avec Yann? » Je lui ai répondu : « Ben oui, mais Yann est parti au catéchisme... » Si j'avais continué à discuter avec lui au téléphone, peut-être que j'aurais décelé quelque chose, peut-être que ça aurait changé le cours des événements. Quelquefois, je me sens coupable de...

La maman de Yann hésite un instant, passe la main sur ses yeux et poursuit d'une voix blanche :

– Oui, je m'en veux de ne pas avoir assez parlé avec lui. J'aurais dû lui dire de revenir tantôt, mais j'ai six enfants et il fallait que je m'occupe du dernier. Si j'avais pu imaginer la détresse de ce gosse... Parce qu'il fallait qu'il soit malheureux, pour faire une chose pareille!

Les propos de la maman de Yann, une femme vive et sensible, illustrent, dans une certaine mesure, le sentiment de culpabilité qu'éprouvent beaucoup de gens au village.

Pourtant, la plupart ne considèrent pas que la famille Tanguy ait été mise à l'écart ou rejetée. Le maire s'en défend avec énergie.

– Quand on arrive dans un village comme celui-ci, dit-il, il faut toujours un certain temps avant d'être adopté. Il y a une période d'observation. Ça vient après, par l'intermédiaire des enfants qui se mélangent plus vite à la population.

Monsieur le maire hésite, cherche ses mots. Tout dans son attitude indique l'embarras. Il donne l'impression de chercher à se convaincre lui-même. Il marque un long moment de silence, frotte son menton rugueux et reprend :

– C'est tout de même quelque chose d'effrayant qu'une chose pareille arrive à un gamin de dix ans. Rien ne laissait prévoir qu'il serait arrivé à se...

La phrase de monsieur le maire reste en l'air. Il n'ose pas prononcer le mot terrible, le mot tabou : « suicide ».

– Peut-être qu'il ne pensait pas aller jusqu'au bout, le gamin, ajoute le maire.

Il est crispé derrière son bureau. On frappe à la porte. Le secrétaire de mairie glisse sa tête dans l'entrebâillement.

– Je dérange? interroge l'employé.

– Entre, entre... répond le maire avec empressement.

Sans laisser le temps au secrétaire de s'installer, il lance tout de go :

– Tu l'as bien connu, toi, le gamin Tanguy?

– Le Loïc?

– Mais non, que tu es bête!

– Le suicidé?

– Le petit... oui!

– Je le voyais comme tout le monde, au stade ou au judo. Pour moi, il était comme les autres, un peu moins emmerdant que son frère, c'est sûr!

– Et la famille, qu'est-ce que t'en penses?

L'homme hésite un instant, hoche le menton, tousse et rallume une Gitane maïs qui pendouille à sa bouche.

– Y z'étaient à l'autre bout... z'avaient pas bien envie de parler... Pas commode, le père! Renfrogné, sauvage quoi!

Le maire esquisse une petite moue qui pourrait indiquer qu'il ne partage pas tout à fait le point de vue du secrétaire.

– C'était quand même pas un mauvais bougre avec le gosse, dit-il.

– Moi, je crois pas. Mais tout le monde n'est pas de cet avis... Le Loïc, il en prenait bien des volées... Enfin, je sais pas moi, et puis j'aime pas me mêler des histoires des autres !

Et, comme pour éviter une nouvelle question, l'homme lance très vite :

– J'ai Kerquilven qui vient chercher son permis de construire, tu l'as signé ?

Le maire fouille sous une pile de dossiers et en extrait une large enveloppe qu'il tend à son subordonné.

– C'est sûr, reprend le maire, quand on gère une commune, on se sent un peu responsable.

Il a changé de ton. Sa voix est plus cassée. L'embarras laisse la place à l'émotion.

– On se dit : « Peut-être que j'ai raté quelque chose, que je n'ai pas établi... que nous n'avons pas su établir vraiment le contact avec cette famille... »

Voilà, énoncé une fois de plus, l'argument qui alimente une des certitudes de la famille Tanguy : tous, unanimes, accusent sans cesse le village de les avoir exclus. Aux yeux de certains, ces griefs sont un peu trop faciles, un peu trop simples.

Loïc, évidemment, se montre le plus virulent.

– Un jour, raconte-t-il, Kevin a ramassé un cahier oublié par un gosse de sa classe. Il a voulu le lui ramener. Je lui ai dit : « Tu iras demain, il fera meilleur... » Il pleuvait vachement. Il m'a répondu : « Non, non, il peut en avoir besoin ce soir, j'y vais. » Il est parti sous l'orage. Je l'ai laissé faire, aussi parce que, Kevin, il adorait la pluie, l'orage, la tempête. Il est arrivé trempé chez son copain. Il a sonné... C'est le père qui a ouvert en souriant, mais, quand il a vu que c'était un Tanguy, il a fait la gueule tout de suite. Il a quasiment arraché le cahier des mains du pauvre Kevin et il lui a claqué la porte au nez, sans dire merci.

La narration de cet événement coûte visiblement à Loïc. Il parle, tête baissée, les mâchoires serrées; entre deux mots, il contient difficilement sa colère et son émotion.

Il allume une cigarette, renifle un grand coup et reprend :

– Le môme, il est reparti sous la flotte, vexé. Je suis sûr que ça, Kevin, il ne l'a jamais digéré. C'est tellement vrai, qu'il a fait tout de suite une angine. A mon avis, c'était pas seulement parce qu'il avait pris froid.

Loïc parle sans prendre le temps de reprendre son souffle. On sent en lui tout le poids du souvenir, la rancœur à fleur de peau. Les yeux fixés sur le mur couvert de posters, il se ronge nerveusement le peu d'ongle qui reste sur son index. Tant de choses de son petit frère lui reviennent en mémoire.

Ils marchent tous les deux dans le vieux quartier aux ruelles médiévales. C'est la première fois que Kevin vient à Rennes. Le grand frère a décidé de sortir le petit.

– C'est chouette, dit Kevin. C'est comme dans mon livre d'histoire.

L'histoire de France passionne l'enfant. Il collectionne images et posters de châteaux forts, de scènes de vie à la Renaissance ou pendant la Révolution. Il s'extasie devant les vieilles maisons à colombages, colle son nez sur les vitrines des boutiques, qui abritent aujourd'hui des ateliers de relieurs ou des antiquaires. La lumière est douce sur les façades. Kevin a l'impression de retrouver les échoppes, les étals, les enseignes des commerçants du Moyen Âge...

Loïc et son frère serpentent en récitant les noms des rues et des places qu'ils traversent.

– Rue du Chapitre, rue de Montfort, place des Lices, rue Saint-Guillaume...

Kevin s'arrête un long moment rue de la Psalette, en admiration devant une magnifique bâtisse du XVe siècle.

– Allez! grouille, lance Loïc qui marche un peu en avant. On va s'acheter des crêpes, place de la Mairie.

Kevin est maintenant à la hauteur de son frère qui lui prend la main.

– C'est quand même mieux de vivre ici que dans notre trou, tu ne trouves pas? interroge Loïc.

Kevin n'a pas envie de parler du village. Il est trop absorbé... Il y a trop de choses à voir.

– Ici, poursuit le grand, tu fais ce que tu veux. On ne te regarde pas comme un martien. Les gens sont cool. Dans le bled, y a pas de boulot, y a pas de filles. Regarde un peu comme elles sont mignonnes, ici.

L'enfant sourit et serre plus fort la main de son frère. Il l'aime bien, le grand. Il ne comprend pas qu'au village on puisse dire tant de choses méchantes sur lui. Kevin l'aime bien parce qu'il a souvent l'impression qu'ils ont le même âge. Loïc sait se mettre à la portée du petit; il n'hésite pas à jouer comme un gosse. Quand ils chahutent, la mère dit souvent :

– Vraiment, Loïc, on se demande si c'est toi l'aîné.

Kevin aimerait que le grand soit plus souvent à la maison. Mais il écume la région, de petit boulot en petit boulot, ne parvenant pas à se fixer très longtemps chez un patron.

Assis sur le bord du trottoir, Kevin déguste sa crêpe au sucre. Il s'est installé à quelques mètres du groupe de jeunes que Loïc a rejoint, une bande étrange, mi-punks, mi-routards. Ils portent en bandoulière des duvets roulés, décolorés par la pluie et la crasse. Les filles ont des cheveux ébouriffés, avec des mèches rouges, violettes... A leurs pieds, des bouteilles en plastique de vin rouge. Elles circulent de l'un à l'autre, en toute fraternité. Kevin est fasciné par l'allure d'un garçon : il a le crâne à moitié rasé, à l'iroquois, et ses cheveux se dressent comme les piquants d'un hérisson. Kevin aimerait y poser sa main, comme ça, pour voir...

Au moment où il s'approche du groupe, Kevin s'aperçoit que son frère glisse discrètement un billet de cinquante francs à l'Indien breton. L'échange de « shit » vient de se faire presque sous les yeux des agents de police qui contrôlent un autre groupe, un peu plus loin.

– On s'en va, Loïc? demande Kevin.

– J'arrive.

L'enfant détourne la tête. Il ne veut pas voir. Il ne veut pas comprendre ce qui vient de se passer. Il sait que son frère fume ce truc-là dans sa chambre, et qu'il y a des disputes à la maison à cause de ça. Mais il ne dira rien, Kevin. Il ne veut pas trahir son aîné.

Ce dernier dit que ça lui fait du bien à la tête, qu'il oublie, comme ça, toutes les conneries de la vie; puisqu'il n'a pas de boulot passionnant, il compense... Il sait bien aussi, Kevin, que Loïc va mal à cause du boulot. C'est tellement important un bon travail... Il dit que, lui, il va tout faire pour continuer de bien travailler à l'école.

Le jour de ses huit ans, Kevin avait décidé qu'il serait instituteur. Un an plus tard, il voulait être facteur. « Un facteur, disait-il, c'est un beau métier. Il a un vélo, il siffle tout le temps et il dit bonjour à tout le monde... » Aujourd'hui, il veut être vétérinaire.

Personne n'a vu arriver les policiers. Ils sont tous les quatre autour de Loïc. C'est une vérification d'identité musclée. Un des agents ceinture l'adolescent.

– Mollo, mollo, doucement, merde, jure Loïc.

– Puisque tu fais le malin, viens donc t'expliquer au commissariat, ordonne le brigadier.

– Mais j'ai mes papiers, proteste Loïc. Vous n'avez pas besoin de m'embarquer. Y a mon petit frère avec moi!

Kevin, resté à l'écart, s'approche timidement. Il a peur pour son frère. Il voudrait dire quelque chose pour débloquer la situation. Il ne trouve pas. Il se sent un peu ridicule, mais il finit par lancer, en direction du brigadier :

– On n'a rien fait de mal, m'sieur!

Il fait trop chaud dans ce commissariat à la peinture écaillée, délavée. L'enfant est assis sur un banc couvert d'inscriptions et de brûlures de cigarettes. Il attend depuis plus d'une heure en fixant obstinément la porte, là-bas, au fond du couloir, derrière laquelle son frère a disparu. Il tente de deviner qui se trouve dans ce qu'il considère comme la prison et qui n'est, en fait, qu'un petit réduit grillagé. Les agents passent devant lui, indifférents à sa présence.

« Les parents vont s'inquiéter », se dit Kevin.

Une secrétaire, souriante, s'arrête un instant devant lui :

– Qu'est-ce que tu fais là, toi? Tu as commis un hold-up?

– J'attends mon frère, murmure Kevin en rougissant.

La secrétaire s'éloigne en fredonnant.

« Et qu'est-ce qu'ils penseraient, les copains de l'école, s'ils me voyaient ici? » se demande soudain l'enfant. A cette seule idée, le visage de Kevin s'empourpre une nouvelle fois. Son émoi témoigne de son désarroi, de sa honte.

Enfin, la porte s'ouvre. Loïc apparaît, tout sourire. Il remet en place, dans les poches de son jean délavé, divers objets. Son couteau suisse avec ses dix fonctions, son portefeuille et un peigne édenté. Dans la rue, il explique, très évasif :

– Ils m'ont surtout fait lambiner...

– Ils ont pas trouvé? interroge Kevin.

– Que veux-tu qu'ils trouvent? répond Loïc, l'air faussement étonné.

– J'ai tout vu, avec l'Indien... Tu lui as donné de l'argent...

– Et alors? C'est de l'argent que je lui devais.

– Ne me raconte pas d'histoires, je t'ai vu, il t'a donné ton truc que tu fumes.

Loïc sourit.

– D'accord, Colombo, mais tu ne dis rien à la maison.

– Et les policiers, alors?

– Ils sont trop cons, les poulets. J'ai tout avalé. Ni vu, ni connu. J'ai paumé cinquante balles...

– Tu vas pas être malade? s'inquiète soudain le petit Kevin.

– T'en fais pas! Ça sortira par le bas ou par le haut!

Aussitôt, Loïc s'arrête sous un porche, à l'abri des regards, ouvre la bouche et plonge deux doigts au fond de sa gorge. Il vomit.

– T'es fou, Loïc, dit Kevin d'une toute petite voix.

Le grand n'écoute plus le gamin. Il inspecte ses miasmes, s'essuie la bouche avec son bandana, ce foulard qu'il porte toujours accroché à la ceinture, et conclut :

– Ça sortira plutôt par le bas...

Kevin est dans sa chambre. Il a fermé les persiennes. Dehors, il fait une chaleur terrible. Il y a près de dix jours que cela dure. On n'a jamais vu ça au mois de juin, en Bretagne. La lumière est blanche. Irisée, en plein après-midi. La végétation est brûlée. Le goudron, sur la chaussée, donne l'impression d'être en fusion. Tout est retenu. On n'entend plus un seul oiseau, un seul bruit de tracteur. Partout, un silence métallique.

« C'est peut-être comme ça, un cataclysme nucléaire », pense Kevin, assis au pied de son lit. Il pose ses pieds sur le carrelage, puis s'allonge, le torse nu, sur le seul endroit où subsiste un peu de fraîcheur.

En bas, au rez-de-chaussée, son père et sa mère chuchotent. Kevin colle son oreille au sol. Il distingue parfaitement bien, à présent, leur discussion.

– On n'a qu'à vendre la maison, dit la mère.

– Pour aller où? tu veux me dire? interroge le père.

Un silence et la voix de M. Tanguy, à nouveau :

– On perdra le maximum! Surtout si on la vend à quelqu'un du village...

– Moi, j'en ai soupé de ce pays.

– C'est pas avec ma retraite qu'on pourra s'en payer une autre de baraque.

Un bruit de chaise déplacée résonne dans toute la maison.

– Tu peux peut-être trouver un petit boulot, non?

Mme Tanguy vient de parler un peu plus fort.

– Et quoi? Où? répond agacé son mari. Mon travail, ajoute-t-il, c'est la marine... Je sais pas faire autre chose. J'étais quartier-maître, tu l'as oublié?

Peu à peu, les voix se font de plus en plus énervées. La colère monte, de toute évidence.

– Tu pourrais apprendre autre chose... Je sais pas moi... T'es quand même pas handicapé!

– Apprendre un autre métier... à mon âge! Tu rigoles ou quoi? glapit le père.

– Arrête, tu veux, avec ton âge! A cinquante ans, on est dans la force de l'âge... C'est plutôt que tu veux rien foutre, oui!

Mme Tanguy vient de crier, cette fois. Kevin se lève d'un bond. Il se bouche les oreilles avec les paumes des mains. Il reste ainsi deux bonnes minutes. Bientôt, le silence revient dans la maison. Kevin se dirige vers la fenêtre. Il ouvre les volets avec précaution, pour éviter de les faire grincer. La lumière inonde la chambre.

Une hirondelle, débusquée dans son repos, s'envole dans un bruissement d'ailes affolées. L'enfant grimpe sur le rebord de la fenêtre. Il est là, debout, les bras ballants, penaud, perdu. Son ombre se déploie à cinq mètres plus bas, sur la terrasse comme liquéfiée par le soleil. L'air est incandescent. La silhouette de Kevin vascille, se rétracte, s'allonge sur le ciment. Une porte claque avec un bruit sourd. M. Tanguy s'éloigne sur le chemin, accablé de chaleur. Il tourne le dos au village. Kevin soulève un de ses pieds nus. L'encadrement de la fenêtre est brûlant. Il est, cette fois, en équilibre instable. Il repose sa jambe et ouvre simultanément ses bras sur le côté. Il les agite comme les ailes d'un oiseau. Il ferme les yeux.

Au loin, le bruit d'une mobylette. Kevin penche la tête en arrière. Le bruit de moteur, comme décuplé par la chaleur, se rapproche considérablement. Un grincement. Silence à nouveau. Et la voix de Loïc qui appelle son petit frère. Kevin descend de son perchoir.

Avec la fraîcheur du soir, le calme est revenu dans la maison. Toute la famille Tanguy est autour de la table de la cuisine, prête à dîner. La mère fait la lecture du carnet de notes de Kevin, dont les résultats, une fois de plus, sont particulièrement brillants.

– Il y en aura au moins un qui fera des études, dans la famille, dit la mère avec satisfaction.

Loïc éclate de rire. Kevin le regarde, sans comprendre ce qui provoque son hilarité.

– Je me marre, dit le grand, parce que je pense que ça doit en emmerder plus d'un que ce soit un Tanguy qui soit tête de classe...

Kevin reste silencieux, esquissant avec peine un petit sourire forcé. La mère dépose le carnet sur le poste de télévision resté allumé. P.P.D.A. souhaite un bonsoir amoureux à toute la France. La situation climatique de la Bretagne est extrêmement préoccupante; aussi, chacun attend avec impatience le commentaire météo.

– Ça va durer longtemps, cette chaleur? Ça me porte sur les nerfs, soupire Mme Tanguy.

– Y peut bien flotter ou griller, j'en ai rien à foutre, moi, ronchonne le père.

– En tout cas, ils font sacrément la gueule, ceux d'ici, reprend Loïc. C'est pas la joie, pour eux. Tant mieux, ça leur rabaisse le caquet!

– C'est le Bon Dieu qui les punit, conclut la mère.

A cet instant, à la télévision, Cardoze confirme la canicule et souhaite une bonne fête à tous les Barnabé.

– Et dire que, huit jours plus tard, explique Mme

Tanguy, la pluie nous a pas lâchés. Pendant trois semaines! Le dernier jour, Kevin avait ramené sa photo de classe. Je lui avais trouvé une petite mine triste, là-dessus...

Elle tient le cadre ébréché d'une main tremblante et fixe le visage du petit Kevin.

– C'est vrai qu'à midi, au repas, il ne parlait pas beaucoup, ce jour-là. Il m'a dit qu'il partait ramasser des feuilles pour son herbier. Quand on a retrouvé son cahier, il n'y avait pas de feuilles. Il avait écrit en gros, au feutre bleu : « Conne de vie. Il vaut mieux mourir. Adieu à tous. »

Mme Tanguy repose le cadre sur le Frigidaire et reste silencieuse un long moment devant la photo du petit Kevin. Au loin, on entend, en prêtant l'oreille, les cris des enfants de l'école primaire en récréation.

– Je n'ai plus de larmes, dit-elle. Je me sens comme une femme stérile. Comme si je n'avais plus de sang qui coule en moi. Il avait certainement des problèmes, que je n'ai pas su voir... Probablement qu'il s'est senti, lui aussi, rejeté... Alors, j'ai envie d'accuser tout le monde et personne à la fois...

Elle regarde du côté du jardin, retient un sanglot et ajoute à mi-voix :

– Il y avait un grand soleil blanc dans la maison... Il n'y a plus rien aujourd'hui.

Loïc vient s'asseoir près de sa mère. Il lui prend la main.

– Arrête maman! Ça ne sert à rien de remuer tout ça. Personne ne peut comprendre...

Loïc se lève, se dirige vers l'évier, emplit un verre d'eau qu'il tend à sa mère. Et puis, comme s'il se parlait à lui-même, il murmure :

– Quand je pense à mon petit frère, j'essaie de ne pas le montrer. Je me suis refermé. On s'est tous refermés, ici... Quand je pense à son suicide, je me dis qu'il a eu du cran. Il était courageux. Moi, des fois, j'ai eu des idées noires, mais jamais je ne l'aurais fait!

Loïc allume une cigarette. Il tient longuement l'allumette devant ses yeux, jusqu'au moment où elle n'est plus qu'une tige noire, douloureusement torsadée. Loïc tire trois bouffées et écrase sa cigarette dans une tasse à café.

– Il vaut mieux pas que je pense à lui. Ça fait trop mal dans la tête. Ça me fait drôle de ne plus aller le voir dans sa chambre. Quand je rentrais du boulot, il était toujours dans mes pattes. Il ne me lâchait pas. « Allez, Loïc, on fait du foot, qu'il me disait. Allez, Loïc, on fait une partie d'échecs... Loïc, je ne sais pas quoi faire... »

D'un seul coup, les yeux de l'adolescent s'emplissent de larmes trop longtemps retenues. Loïc dissimule son visage entre ses mains.

– Il me disait tout le temps : « Loïc, arrête de te bouffer les ongles ! » Putain, ça me fout les boules ! Il y a un truc qu'on n'a pas su voir. On ne saura jamais... Peut-être une parole de travers de quelqu'un du village, peut-être venant de nous... Un truc qui a dû vraiment le blesser, l'humilier.

Loïc marche vers la fenêtre, colle une nouvelle fois son front sur le carreau et poursuit de dos, la voix cassée :

– Moi, ce que j'ai envie de dire aux autres, c'est que la tête d'un enfant, c'est tellement petit, qu'une parole suffit pour vraiment tout casser à l'intérieur. C'est fragile un enfant... tellement fragile. Il a fallu que mon petit frère se suicide pour que je l'apprenne. C'est terrible... J'ai trop les boules ! Merde !

Amélie

Quand Yves, l'éducateur, et Nouredine, l'épicier, découvrent Amélie, ils la croient morte, tant son coma est profond. C'est le médecin du S.A.M.U. qui identifie immédiatement la nature de son état :

– Il était temps... c'est un coma éthylique ! C'est un miracle qu'elle soit encore en vie.

Penché sur le corps de l'enfant, les deux mains croisées, les bras tendus, puis en flexions, il appuie de toutes ses forces sur la poitrine de la petite Amélie.

– C'est plus prudent de la mettre sous oxygène, ajoute le médecin.

Amélie a douze ans. Depuis trois mois, elle vit dans un foyer pour jeunes, au cœur de la cité des Vallons.

En revenant du collège, à 18 heures, elle met une cassette dans son magnétophone et pousse le volume presque à fond.

La voix de Véronique Sanson prend possession de son petit univers : un lit, un bureau, deux fauteuils en rotin et un mur d'étagères pratiquement vides. Elle n'a apporté que quelques petits objets de la maison : une collection d'animaux en plâtre, quelques livres, une photo de sa mère avec son petit frère et une autre de son père. La pièce est terriblement nue. Elle semble ne pas être habitée.

Amélie enfile son blouson délavé, qu'elle porte très large, et sort.

« Ils croiront, au moins jusqu'au repas, que je suis dans ma chambre », se dit l'enfant.

Sur le palier, elle manque de rencontrer Yves, un des éducateurs. Elle se replie dans le recoin du vide-ordures. Il passe à côté d'elle sans la voir. C'est facile pour elle de se dissimuler ; elle est si frêle, si maigre, Amélie. A douze ans, elle ne pèse guère plus de vingt-neuf kilos. Elle ne se nourrit que de lait, de yaourts, de chocolat à la rigueur.

– Elle ne mange rien, c'est un vrai cauchemar, a toujours dit sa mère.

Elle est jolie, malgré sa maigreur, avec ses cheveux blonds noués en queue de cheval à l'aide d'un ruban noir. Ici, au foyer, quand les filles l'ont vue pour la première fois, elles ont dit :

– Toi, t'es belle comme un petit rat de l'Opéra.

Amélie descend à pied jusqu'au rez-de-chaussée. Elle n'a pas pris l'ascenseur pour éviter de rencontrer un autre membre du foyer.

Comme dans tous les immeubles de la cité, la cage d'escalier est couverte de graffitis et de tags... Les boîtes aux lettres sont, bien sûr, toutes défoncées. De la lourde porte de verre, en principe incassable, il ne reste plus que l'armature de fer. Elle a été vraisemblablement brisée avec une barre à mine. Depuis, un courant d'air terrible, dont on sent la morsure jusqu'au deuxième étage, s'engouffre dans les couloirs.

Des centaines de fenêtres étroites percent de leurs lumières jaunes la nuit froide qui enveloppe peu à peu les masses de béton, d'où s'échappent des lambeaux de vie, des fragments d'existence. Amélie ne marche pas bien vite, mais elle se sent déjà épuisée. La lumière blanche des néons du Franprix éclabousse la moitié de la chaussée défoncée. Les vitres du magasin sont protégées par de grandes bandes d'adhésif croisées, comme sur les fenêtres pendant la guerre. Elle traverse le parking. Il y a là presque plus de vieilles carcasses cabossées et rouillées que de voitures en état de rouler. La misère est grande ici. Un couple sur deux est au chômage, un ménage sur deux divorcé. La priorité, la seule préoccupation : donner à manger aux enfants... ce qui n'est pas toujours possible.

– Les allocations familiales ne suffisent pas, expliquent les mères d'ici. La plupart des familles sont en fin de droits, et ce n'est pas avec le R.M.I. qu'on peut s'en sortir!

Amélie entend souvent les voisines du foyer parler ainsi.

– Heureusement, disent-elles, le gérant du Franprix fait crédit...

En effet, malgré les vols à l'étalage et les casses noctures, Nouredine est très compréhensif. C'est un Algérien bien intégré aux Vallons, aimé de tout le monde.

L'enfant se faufile dans le rayon alimentation pas bien fourni... Nouredine explique pourquoi.

– Le 25 du mois, les familles ont reçu les alloc', et c'est vite la razzia. Alors, après, il y a plus rien dans le portefeuille, et le brave Nouredine y fait le crédit... Mais, Nouredine, il est que gérant et, si les gens y paient pas, le pauvre Nouredine y va se retrouver lui aussi avec plus rien et à la rue, dit-il, exagérant son accent de Kabylie.

Amélie va directement aux casiers des vins et apéritifs, où elle choisit quatre bouteilles au hasard. A la caisse, Nouredine fait un grand sourire à l'adolescente. Il lui tend un rocher Suchard, le chocolat préféré d'Amélie.

– C'est gratuit, c'est ta fête aujourd'hui. Toi, tu ne me manges pas grand-chose, t'es maigre comme une merguez de grande surface. Moi, un jour, je vais t'attraper et je vais te gaver avec le couscous... et pas du Garbit!

Nouredine éclate de rire, en révélant la moitié de ses dents en or. Il compte les bouteilles et ajoute :

– Dis donc, ils vont faire la fête là-haut, ou quoi?

Amélie hausse les épaules pour indiquer qu'elle ne sait pas. Elle sourit légèrement en payant et, de sa petite voix, murmure :

– Le chariot, je te le ramène tout à l'heure.

Elle traverse à nouveau le parking. Les roues grincent dans le silence froid. Son ombre s'efface progressivement dans le noir. Dans le hall d'un des immeubles, en face du foyer, une dizaine de jeunes danse, ou plus exactement « breake », sur une litanie de paroles, qui évoquent leur vie, « entre béton et bitume ».

Implanté dans cette cité depuis cinq ans, le foyer fonctionne bien. La vingtaine de jeunes qui sont pris en charge sont, sinon tout à fait heureux, en tout cas chaleureusement entourés.

Prédélinquants, enfants de l'Assistance publique, adolescents en fugue ou en rupture de famille, ils apprennent tous, ici, à se responsabiliser, à se réinsérer. Ils reçoivent surtout ce qu'ils n'ont pratiquement jamais eu : attention et affection.

De foyer en foyer, Amélie finit par aboutir aux Vallons presque accidentellement. Alors que, dans les deux précédents foyers, on forçait l'adolescente à manger, ici, les éducateurs ont pour projet de la faire progresser très doucement dans son attitude vis-à-vis de la nourriture. Ils ont l'habitude des cas difficiles. Au début, l'enfant tente de faire des efforts, puis, peu à peu, elle renonce à collaborer. A Yves, son éducateur préféré, un grand maigre attentif, elle dit :

– J'ai plus envie. J'ai pas envie de manger. J'ai envie de rien...

Le médecin qui suit les pensionnaires considère que l'état anorexique d'Amélie – de nature gravement suicidaire, selon lui – nécessite son hospitalisation. Les éducateurs se mobilisent, et toute l'équipe s'oppose à cette éventualité. Inquiété par l'avertissement du médecin, le directeur fait tout de même doubler les serrures de l'infirmerie et contrôler régulièrement la pharmacie du foyer. Avec le temps, l'attention se relâche progressivement, d'autant qu'Amélie semble aller un peu mieux. Ce samedi matin, à la réunion hebdomadaire des éducateurs, Yves lance comme un cri de victoire :

– Ça y est ! elle est passée aux crêpes... Hier soir, elle en a mangé une presque entière...

C'est tout juste s'ils ne sortent pas une bouteille de champagne pour fêter l'événement.

L'enthousiasme de l'éducateur se révèle prématuré. Après le repas, l'adolescente se fait vomir dans les toilettes de sa chambre.

Amélie vient d'atteindre le porche de son immeuble. Les bras chargés de ses bouteilles, elle pousse du pied la porte délabrée de la cave. Elle est immédiatement incommodée par une odeur forte d'urine de chat. Elle appuie avec le coude sur le bouton de la minuterie, descend quelques marches poussiéreuses, oblique à gauche et s'engage dans un couloir étroit, graffité de slogans provocateurs du type : « Vive la haine », « La liberté, c'est la mort », « H.L.M., piège à cons ». Au milieu de ces injonctions, trois cœurs, dessinés hâtivement à la bombe, se sont glissés là.

Amélie pousse une dernière porte à moitié sortie de ses gonds, dépose à tâtons son fardeau et allume. L'ampoule blanche, qui pend au bout d'un fil couvert de crasse, renvoie sur les murs en ciment une lumière glacée. La cave a été récemment débarrassée. Il ne reste plus qu'une chaise de paille au fond percé et une table de camping délabrée, couverte de chiures de mouches. Amélie y dépose ses bouteilles en soupirant. Elle en prend une au hasard, défait le bouchon et la porte à sa bouche. Elle boit lentement en fermant les yeux. Le vin coule aux commissures de ses lèvres, dégouline dans son cou et tache sa chemise. Elle fait une grimace et murmure :

– C'est dégueulasse.

Elle boit une nouvelle lampée, jusqu'à ne plus pouvoir respirer. Les yeux pleins de larmes, elle hoquette, tousse, crache et s'effondre sur la vieille chaise pour reprendre son souffle.

Par la colonne de béton du vide-ordures, Amélie perçoit les bruits habituels de la vie dans le bloc. C'est d'abord la cacophonie des téléviseurs à l'heure du journal du soir, puis des pleurs d'enfant, une porte qui claque, une poubelle renversée... De l'extérieur parvient la pétarade d'une mob' à l'échappement libre, des bruits de talons hauts qui claquent sur le trottoir...

Amélie porte plusieurs fois encore la bouteille à ses lèvres. Bientôt, tout ce qui se passe au-dessus d'elle, dans l'immeuble, ne la concerne plus. La vie des autres peut se faire ou se défaire... cela n'a plus d'importance pour l'adolescente.

Elle vient d'achever la première bouteille. L'alcool la rend euphorique. Elle se lève, se défait de son blouson, sourit, vacille légèrement, tourne sur elle-même en fredonnant et, soudain, se précipite en titubant dans un coin de la cave et vomit. Puis, lentement, en se tenant aux murs, elle retourne vers la chaise. Elle halète. Elle est pâle, très pâle. Ses tempes sont mouillées. Quelques mèches de ses cheveux collent à son front. Son ventre, lui, semble bouillonner. Elle se replie sur elle-même pour atténuer la douleur de ces terribles crispations. Elle a chaud. Elle défait tous les boutons de sa chemise en jean et révèle un torse de petit garçon maigre. Elle reprend son souffle une nouvelle fois, pose la main sur la bouteille de Martini et dévisse lentement le bouchon.

« Du Martini... on en buvait beaucoup à la maison... surtout maman », pense Amélie à cet instant.

Amélie a très mal vécu le divorce de ses parents. Pendant plus d'un an, elle a été l'enjeu de leurs affrontements.

La maman est une femme d'aujourd'hui extrêmement dynamique, une « gagnante ». Elle est directrice d'une importante agence immobilière. Le père est un gros propriétaire de vignes dans le Bordelais.

A priori, Amélie avait tout pour être heureuse, pouvait-on dire de l'extérieur. En effet, elle n'a, matériellement, jamais manqué de rien : robes, cadeaux de toute sorte, jouets sophistiqués marquent tous ses anniversaires et toutes les fêtes de Noël.

Son petit frère Luc, de deux ans son cadet, s'est parfaitement accommodé de la situation nouvelle. Il dit même :

– C'est mieux qu'avant; maintenant, je reçois des deux côtés.

Pendant plusieurs mois, la bataille d'avocats a été rude. Amélie a été fréquemment le témoin des coups bas respectifs de son père et de sa mère.

Fatiguée par leurs disputes, irritée par la procédure juridique, par les convocations successives chez les hommes de loi, Amélie est tombée malade. Elle s'est installée, en fait, dans la plus totale anorexie.

Son état a exigé l'hospitalisation. Il a fallu de nombreuses semaines pour qu'elle parvienne à s'alimenter suffisamment. Elle a été enfin autorisée à quitter le service des enfants malades. Au moment de sa sortie, elle a refusé de voir ses parents et a alors demandé à être placée dans un foyer.

Dans le grand appartement, à la Défense, d'où l'on voit si bien l'Arc de Triomphe, l'apéritif est un rituel du soir. Même depuis le divorce : c'est la seule habitude conservée par l'épouse du négociant en vins.

– Rien de tel pour vous remettre après les embouteillages, dit cette charmante femme.

La mère d'Amélie se laisse choir dans un des gros fauteuils en cuir vert émeraude qui occupent le centre du salon extrêmement moderne. Les chaises sont signées du designer Stark; l'ensemble du mobilier donne l'impression d'avoir été emprunté à un grand catalogue spécialisé.

La mère d'Amélie est une belle femme rousse de trente-cinq ans. Elle est généralement habillée avec élégance et fantaisie. Aujourd'hui, le rouge prédomine dans sa tenue. Jupe noire, courte, prise à la taille par une large ceinture rouge, chemisier blanc, très fin, bordé de rouge et chaussures rouges également. Rien ne manque en elle ni autour d'elle pour marquer la différence.

Elle embrasse Amélie qui vient d'entrer dans le salon. L'enfant avec son jean largement troué aux genoux, son débardeur délavé et ses Reebok fatigués, contraste avec le décor.

La mère étreint sa fille avec une passion qui semble excessive.

– Tu m'as manqué...

– Tu m'étouffes, répond l'adolescente, cherchant à se défaire des bras trop embrassants de sa mère, qui remet aussitôt une mèche de ses cheveux flamboyants en place.

– Tu as mangé aujourd'hui? demande-t-elle soudain avec un accent de gravité qui ne semble pas plus naturel.

– Oui, un peu.

– Quoi?

– Un steak.

– C'est pas vrai! hurle le petit frère Luc, qui vient d'entrer dans le salon.

C'est un gamin plutôt rondouillard, plein de santé, à l'inverse de sa grande sœur.

– Cafard! réplique Amélie en faisant une grimace à l'enfant.

– Tu n'as pas besoin de rapporter, ajoute la mère en rejetant sa tête en arrière sur le dos du fauteuil.

Puis elle se retourne vers sa fille :

– Alors, qu'est-ce que tu as mangé?

Amélie vient prendre place sur le siège à côté de sa mère, allonge les jambes, croise les pieds sur la table basse en marbre blanc.

– Tes pieds, s'il te plaît! Tu sais combien elle vaut, cette table?

L'adolescente hausse les épaules, saisit la télécommande et allume le poste. Elle répond machinalement :

– J'ai mangé un yaourt et une demi-tranche de jambon.

– C'est pas assez, Amélie! Fais un effort! Écoute, j'ai fait acheter du saumon. Tu vas y goûter!

– J'aime pas!

Amélie éteint aussitôt le téléviseur. Elle va jusqu'à la baie vitrée, porte la main à son front comme une visière et regarde très loin, au-delà de l'Arc de Triomphe. Sa mère l'arrache à sa contemplation de Paris, scintillant de points de lumières multicolores.

– Tu n'aimes rien, c'est épuisant à la fin!

Elle vient de parler avec ce ton que l'enfant n'aime pas, le ton ferme, froid, rigoureux, qu'elle emploie dans ses affaires d'immobilier. Elle se rend compte soudain du regard d'Amélie et reprend aussitôt avec un large sourire :

– Tu veux que je t'emmène au restaurant?

– Surtout pas! Je préfère rester à la maison.

La mère de l'adolescente soupire et se ressert un apéritif. Son visage se referme une nouvelle fois.

– Ton père a téléphoné de Bordeaux... Il veut que tu passes Noël avec lui. J'ai dit non! Le Premier de l'an, je ne dis pas, cela me permettra de partir me reposer quelques jours aux Antilles... j'en ai bien besoin.

Le visage d'Amélie est livide. Sa mère passe une main dans ses cheveux roux, qu'elle s'applique à porter soigneusement ébouriffés. Le verre à la main, elle se dirige vers la grande baie. Elle parle, le dos tourné à sa fille.

– Il est incroyable, ton père! Il a eu le culot de me dire que je m'occupe mal de toi et que tu serais beaucoup mieux avec lui. Tu te rends compte! Mais comment j'ai pu faire pour rester dix ans avec cet homme?

Amélie a enfoui la tête dans un des grands coussins du fauteuil, comme si elle ne voulait pas entendre sa mère. Elle garde le silence un instant et se lève d'un bond, visiblement irritée.

– Je t'en prie, maman! ne recommence pas! Arrêtez! Arrêtez vos bagarres!

Sa mère se retourne vivement, fait quelques pas vers sa fille, hésite et retourne vers la baie, comme si cela était plus facile pour elle de parler le dos tourné.

– Si je ne lui résiste pas, il est capable de tout. J'ai peur, j'ai peur, comprends-tu, quand tu vas chez lui... Un jour, il va te forcer à rester.

– Tu exagères, maman, dit Amélie en soupirant.

L'adolescente ne peut se résoudre à prendre parti pour son père ou pour sa mère. Dans cette bataille, elle se sent isolée, à l'écart, sujet d'enjeux dont elle ne comprend pas le sens, la passion, l'intérêt.

La mère d'Amélie traverse le salon avec une élégance et une sensualité qui font qu'on se retourne généralement sur son passage.

– Je n'exagère pas, ma petite fille! Je... je n'aime pas ces gens qui sont autour de lui... cette bande d'ivrognes mondains qu'il fréquente.

– Cesse de le dénigrer en permanence...

– C'est ça! Prends sa défense!... Je ne fais que dire la vérité et tu le sais bien. Il boit, ton père...

Cette fois, Amélie ne peut retenir sa colère. Elle lance avec défi, en arrachant à sa mère le verre qu'elle tient dans la main :

– Mais toi aussi, tu bois, regarde! Il n'y a pas une heure que tu es là et tu as déjà sifflé près de trois Martini!

– Amélie! Comment te permets-tu? hurle la jeune femme.

Amélie, prête à sortir de la pièce, se tient un moment dans l'embrasure de la porte et regarde sa mère avec mépris. Au fond, elle se dit que cette femme est trop belle, trop sophistiquée, trop séduisante, trop envahissante pour être une vraie maman.

– Oui, toi aussi, tu bois tous les soirs ton apéritif, plus tes repas d'affaires, tes cocktails, tes dîners!

L'air abattu, sur le grand canapé émeraude, la mère d'Amélie referme instinctivement les bouchons de bouteilles autour d'elle. Elle soupire, croise et décroise ses longues jambes. Elle parle, cette fois, d'une voix extrêmement feutrée.

– Viens t'asseoir près de moi, dit-elle en faisant un signe de la main à sa fille.

Amélie ne bouge pas.

– Mais enfin, ma petite fille, tu te moques de moi ! Tu ne vas pas me considérer comme une alcoolique ? Ton père, lui, boit beaucoup plus ; c'est une des raisons, parmi tant d'autres, pour laquelle je l'ai quitté.

Amélie, maintenant, a véritablement l'œil mauvais. Son visage est crispé, son ventre est contracté. La poitrine et la gorge serrées, elle se libère en un cri.

– Menteuse ! C'est pas toi qui l'as quitté, c'est lui qui est parti, il en avait marre d'être cocu !

La mère d'Amélie reste sans réaction. Elle enfouit à son tour son visage dans un des coussins du grand fauteuil et éclate en sanglots. Le petit Luc, penaud, entre dans la pièce au moment où sa sœur en sort.

– Pourquoi tu dis qu'elle est cocue, maman ?

– Dégage, toi, le chouchou ! T'as rien compris ! Va la consoler...

Amélie s'enferme dans sa chambre. « Cette dispute tombe à point, se dit-elle. Je coupe au repas comme ça. »

La porte qui donne sur les caves grince. Amélie se lève en titubant. Elle s'appuie au mur de l'épaule pour se déplacer. La main tremblante, elle presse le bouton de la minuterie dans sa gangue de caoutchouc. Elle se laisse glisser le long de la paroi, dont elle sent à travers sa chemise l'humidité poisseuse. Elle n'a pas lâché la bouteille d'apéritif qu'elle boit maintenant à petites lampées. Elle ressent un grand vide en elle. Dans la pénombre, elle distingue à peine sa silhouette déformée, qui s'étale sur les murs en parpaing. L'aggloméré semble l'absorber dans ses cavités spongieuses. Le silence à nouveau. Amélie tremble. A genoux, elle cherche son blouson. Ses mains épousent l'aspérité goudronnée du sol qui semble être moins froid. Elle pose sa joue sur cette surface de terre battue qui lui donne une impression de chaleur. Ses yeux brillent intensément. Son haleine est chaude. Sa respiration saccadée ressemble à un petit gémissement. Prise d'une quinte de toux, elle vomit une nouvelle fois. Un filet de sang coule sur sa lèvre. Elle fait un nouvel effort pour se mettre debout et n'y parvient pas.

Depuis plus d'une heure, le foyer est en émoi. D'emblée, le directeur a évoqué la fugue; Yves a immédiatement dit qu'il n'y croyait pas.

– Elle est trop faible. Pour moi, elle n'est pas très loin. Elle se planque pour échapper au repas. Elle n'est pas loin, j'en suis absolument sûr...

– Constituons des groupes, a suggéré le directeur, et fouillons chaque immeuble, chaque cage d'escalier.

Dans la précipitation, l'équipe d'éducateurs s'est immédiatement dirigée vers les blocs voisins. Yves, lui, a pris le temps d'aller dans la chambre de la petite. Il y est resté quelques minutes à détailler les rares objets de l'adolescente. Il a cherché désespérément une trace, quelque chose qui aurait pu lui indiquer une direction. En soulevant un oreiller, il a découvert le journal intime d'Amélie. Il a hésité un instant avant de l'ouvrir, puis s'est assis sur le bord du lit et a fini par se décider. Sur la première page, en haut à droite, il n'a découvert qu'une date, à peine visible, écrite d'une main tremblante. Il a tourné une autre page, puis une autre, et jusqu'à la dernière il n'a vu qu'une succession de dates. Rien d'autre. Il a reposé le cahier; il est sorti de la chambre.

Amélie a retrouvé son blouson. Elle l'a glissé sur ses épaules, sans enfiler les manches. Maintenant, elle est tapie dans un coin de la cave, l'air hagard. Ses lèvres sont boursouflées, ses yeux sont glauques. Sa langue pèse dans sa bouche. Elle est secouée par un tremblement qu'elle ne peut plus contrôler et claque des dents.

Deux bouteilles vides sont à ses pieds. Elle les repousse de la main, d'un geste extrêmement las.

Elles roulent avec un drôle de petit bruit qui impose dans la tête d'Amélie l'image d'une autre cave, celle de son père dans la propriété bordelaise. En un éclair, Amélie se souvient d' « avant »... juste quelques mois qui précèdent son arrivée au foyer. Un instant, elle se revoit là-bas...

La cave est une des plus belles de la région. Amélie en aime la fraîcheur et l'odeur âcre de marc de raisin qui persiste sur les murs, surplombés de voûtes en ogives. Son père procède, avec un ouvrier agricole, au nettoyage de centaines de bouteilles, lavées à grande eau. Ils les disposent ensuite en épis sur le hérisson, ce porte-bouteilles métallique sur lequel elles sèchent. Amélie, amusée, compare cet ustensile à un véritable arbre de Noël en verre.

Elle fait le relais entre son père, au point d'eau, et l'ouvrier portugais qui dispose les bouteilles.

Ici, l'enfant participe activement. Elle s'occupe également du ménage, de la cuisine, tâches habituellement prises en charge par l'épouse de l'ouvrier.

– Tu vois... tu es indispensable, ici, dit son père qui cherche à la taquiner.

– C'est ça... t'as pas besoin de ta fille, répond Amélie en fronçant les sourcils, tu as surtout besoin d'une deuxième femme de ménage, oui...

– Faux! je suis capable de m'assumer tout seul...

Amélie n'a pas son habituel air boudeur. Elle a coiffé ses cheveux en tresses, qu'elle a remontées sur la tête. Elle est pleine de vivacité, joyeuse.

– Je te crois pas! Les hommes, vous ne savez pas vous débrouiller tout seuls.

– Je peux t'assurer, ma cocotte, que ta mère m'y a habitué pendant de longues années. Elle m'a aussi habitué à m'occuper de toi... Elle était jamais là, alors!

Amélie repose sur le sol de terre grasse la bouteille qu'elle tient à la main et, d'une voix blanche :

– Papa, tu veux me faire plaisir?

– Bien sûr, ma fille...

– Ne me parle pas de maman pour la critiquer, d'accord?

L'homme soupire, lâche la bouteille qu'il vient de laver, la rattrape de justesse en perdant l'équilibre et retombe sur les fesses. Amélie éclate de rire. Elle a, apparemment, une grande complicité avec son père. C'est un homme un peu bourru, assez massif. On l'imagine mal à l'aise en costume et cravate. Pas plus qu'on ne peut l'imaginer marié à la mère d'Amélie...

Pour faire plaisir à son père, Amélie, au repas du soir, a revêtu une belle robe à fleurs. Elle n'en porte que très rarement. Ils sont installés l'un en face de l'autre à chaque extrémité de la lourde table en chêne massif. La pièce est confortable, décorée avec goût de meubles campagnards, achetés chez l'antiquaire le plus chic de Bordeaux. Sur les murs de pierre blanche, une copie d'un nu du peintre Modigliani et deux originaux d'artistes régionaux. L'un représente un paysage d'hiver au bord de la Gironde, et l'autre, signé du peintre breton Huart, une falaise bordée de genêts sous un ciel magnifiquement pastel.

Le père d'Amélie se sert un verre d'un vin de grande qualité d'une carafe de cristal.

– Dîner exceptionnel pour ton départ, ma jolie, dit-il avec une jovialité forcée.

Il fait mine de lire un menu en joignant ses deux mains à plat devant son visage.

– Alors... concombres au yaourt pour toi, foie gras des Landes pour moi, une tranche fine de jambon pour toi, un magret, dans sa sauce au sang, pour moi...

Amélie se contraint à dessiner sur ses lèvres un sourire amusé. Son père poursuit la lecture de son menu.

– Un gâteau au yaourt pour toi...

Brutalement, le jeu de son père n'amuse plus Amélie et, tristement, d'une voix étrangement rauque :

– C'est trop, le gâteau au yaourt... Ça étouffe, je ne le mangerai pas.

Ses yeux sont à présent pleins de larmes. Son père vient de se rendre compte de son changement.

– Tu me fais peur, ma fille. Quand je te vois comme ça, j'ai plus faim.

Il repousse son assiette, tandis que la femme de l'ouvrier agricole dépose sur la table un plat recouvert d'une magnifique cloche d'argent.

– Au point où nous en sommes, il faut que je te parle de ta mère.

Il marque une pause, rapproche son assiette, se racle la gorge et boit un verre de vin, cul sec.

– Il faut que je te dise... Je viens d'entamer une nouvelle procédure contre ta mère.

– Encore! murmure Amélie, d'une voix fatiguée.

– Écoute, reprend son père, tu es grande maintenant, tu peux comprendre. C'est moi qui suis parti, c'est donc elle qui a eu votre garde, mais ce n'est pas juste! J'ai suffisamment de témoignages sur ses frasques. J'ai un dossier épais comme ça...

Il fait un geste de la main pour indiquer le volume de ses preuves. Il y a dans son attitude quelque chose de pitoyable qui n'échappe pas à l'enfant. Son père se sert à nouveau un verre de vin et ajoute :

– Avec ça, on gagne! m'a assuré mon avocat. J'y crois cette fois et, si je ne vous ai pas tous les deux avec ton frère, je suis certain que j'obtiendrai au moins ta garde.

Amélie se tait, baisse la tête et, à son tour, elle repousse son assiette de concombres au yaourt.

– Mais mange, bon Dieu! s'énerve son père.

– J'ai pas faim, je monte me coucher.

Nouredine, une lampe de poche à la main, cherche son dernier caddie sur le parking plongé dans le noir. Le filet de lumière de sa Wonder glisse sur les vieilles carcasses. Il aperçoit deux adolescents, aux blousons en vinyle brillant, en train de dérober les phares d'une voiture. Il ne peut les éviter. Avant qu'ils ne réagissent, il lance :

– Alors, les jeunes, on bricole encore à cette heure-là?

– Lâche-nous, Nouredine! répond le plus grand.

– Z'avez pas vu mon caddie? ajoute l'épicier comme s'il n'avait pas entendu l'injonction.

– Lâche-nous, qu'on t'a dit, reprend le plus jeune, menaçant, un tournevis à la main.

Nouredine s'éloigne en haussant les épaules. Il se souvient tout à coup et jure tout haut :

– Qu'il est con, Nouredine! C'est la petite Amélie, elle ne l'a pas rapporté...

Il court aussitôt en direction du bloc qui accueille le foyer. Il n'a pas bien chaud dans sa blouse bleue d'épicier. Au pied de l'escalier, il retrouve son bien avec une évidente satisfaction. Au moment où il s'apprête à rejoindre son magasin, il est intrigué par un petit bruit, comme une toux retenue suivie de petits gémissements. Il se retourne, regarde autour de lui et ne voit personne. Seule une petite lumière filtre d'un soupirail de la cave. L'épicier descend les marches.

Amélie ne respire plus que très faiblement. Ses yeux sont rivés à l'ampoule du plafond. L'adolescente s'accroche désespérément à cette lumière blanche, obsessionnelle, à cette lueur qui entre en elle, qui occupe sa tête, son corps, comme quelques soubresauts de vie, d'espérance.

Des moments du passé reviennent confusément dans sa demi-conscience : la naissance de son petit frère, des lettres que brûle sa mère dans le lavabo de la salle de bains en pleurant... Et puis, elle croit voir son père, mondainement ivre, au cours d'une soirée à la maison. C'est à nouveau sa mère qui descend d'un cabriolet et qui envoie, de la main, un baiser à un homme qui n'est pas son père. Amélie, maintenant, délire.

Elle voit tout autour d'elle un mélange de personnes qui n'ont apparemment aucune raison de se retrouver ensemble. Yves, l'éducateur, l'ouvrier agricole de son père, un loubard de la cité, sa mère, Nouredine, son père, son petit frère; tous l'invectivent et lui lancent des :

– Mange! Mange, Amélie! Tu manges!

Elle a devant elle un gigantesque gâteau, onctueux, crémeux, terriblement écœurant...

Quand Nouredine entre dans la cave, Amélie a perdu connaissance. Elle est là, devant lui, recroquevillée, décharnée, souillée par l'alcool, enveloppée d'odeurs pestilentielles. Le vieil épicier ne peut retenir son émotion. Des larmes coulent sur ses joues profondément ridées et cuivrées. Il jure en arabe contre le destin, la malchance, l'injustice et le malheur qui s'obstinent sur la petite Amélie.

Au moment où il s'apprête à la porter dans ses bras, Yves arrive.

– Va dire aux autres qu'ils appellent le S.A.M.U., ordonne-t-il sans perdre son sang-froid.

Les soins rapides et efficaces que l'adolescente a reçus l'ont arrachée à la mort. Peu à peu, au cours d'un long mois d'hospitalisation, les médecins ont reconstruit Amélie physiquement...

Cette fois, ses parents ont eu vraiment peur. Ils ont pris véritablement conscience de l'état psychique de l'adolescente. Sa mère a rompu subitement avec son côté « battante », femme d'affaires, hautaine.

Dans la chambre, au chevet de la jeune fille, c'est à présent une femme sans artifice, une mère qui interroge sans cesse du regard le pauvre visage terriblement blanc de l'enfant.

Son père, las, les cheveux en désordre, le menton plissé, roule entre ses doigts une cigarette éteinte et déambule dans la pièce en jetant des coups d'œil inquiets à sa fille.

Un des psychiatres de l'hôpital finit par convaincre les parents de l'adolescente de s'engager dans une psychothérapie familiale. La mère, d'abord réticente, se laisse convaincre. Au cours de ces entretiens, bien des choses se disent et se règlent. Amélie révèle l'immensité de sa solitude, le peu d'importance qu'elle accorde au confort offert par ses parents, elle évoque ses carences affectives, son besoin d'écoute et d'amour.

Bouleversés par les manques de leur fille et sa tentative de suicide, les parents d'Amélie promettent de mettre un terme à leurs querelles et de changer de vie.

Cette fois, parce que trop fatiguée, trop malmenée, et pour être allée si près de la mort, Amélie a envie de les croire, de faire confiance et de reprendre espoir.

Elle souhaite pardonner maintenant à ces deux adultes qui n'ont pas cessé de se déchirer pour elle. Progressivement la vie l'emporte sur les chagrins, les rancunes, les douleurs de son enfance.

Le juge pour enfants estime qu'il appartient à Amélie de décider si elle veut vivre avec son père ou avec sa mère. En présentant ainsi les choses, le magistrat prend le risque de confronter une nouvelle fois l'adolescente à ce choix problématique qui l'a tant perturbée.

Instinctivement, Amélie a envie de répondre :

– Je veux vivre avec mon père !

Elle a bien conscience qu'il incarne peut-être davantage pour elle, aujourd'hui, l'équilibre, l'attention. Elle préfère également son mode de vie, rural et chaleureux. Elle pense également s'adapter beaucoup mieux à son tempérament bourru, direct, emporté, souvent maladroit. Mais Amélie est sensible aux changements de comportement de sa mère depuis quelques mois. Quelque chose en elle s'est éveillé subitement. Il s'agit peut-être d'un sentiment maternel enfoui trop longtemps, d'un attrait soudain pour d'autres valeurs, d'autres préoccupations, et il ne reste plus rien de la conquérante un peu provocante. Elle n'a plus d'agressivité à l'égard de son ex-mari. Alors, Amélie ne parvient pas à faire ce choix.

Son père finit par proposer l'alternance. Une semaine chez l'un, une semaine chez l'autre. La mère d'Amélie décide de quitter Paris et ouvre une agence immobilière à Bordeaux. En cette fin du mois de septembre, Amélie passe quelques jours chez son père.

L'automne a déjà mis du roux un peu partout sur les coteaux. Seules les vignes, si mystérieusement bien tracées, ont gardé leurs amples robes vertes.

Les raisins sont beaux cette année, onctueux, grenat. Amélie va d'un cep à l'autre, le sécateur à la main. Elle coupe une grappe dodue, goûte un grain, jette le raisin dans son panier et recommence joyeusement. Elle a voulu faire de son côté, toute seule, les vendanges à l'ancienne. Le tracteur, à une cinquantaine de mètres derrière elle, équipé des dernières techniques qui permettent de couper les raisins à la machine, absorbe goulûment les grappes, les unes après les autres. Le père d'Amélie est au volant. Il se penche sur le côté et crie :

– Arrête, Amélie ! tu en manges trop !... Tu vas te rendre malade...

Amélie ne l'entend pas. Elle porte, bras tendu, au-dessus de sa bouche, une grappe bien mûre et mord dedans à pleines dents...

Matthieu

– Je m'en fous ! Si tu me l'achètes pas, cette planche de skate, je me tue !

C'est ainsi que Matthieu parle fréquemment à sa mère. Il a huit ans et il est fils unique.

Son père est routier. Souvent absent, il a perdu l'habitude de s'occuper de l'enfant. Pour lui, les journées sont très longues : dix, douze, quatorze heures au volant, c'est le prix à payer pour lutter contre la concurrence. Épuisé quand il rentre, il passe presque tout le week-end au lit pour tenter de récupérer le manque de sommeil de toute une semaine. Aussi, Matthieu doit se tenir à carreau. Le père a la main leste... trop souvent leste. Alors, peu à peu, l'enfant a cessé de témoigner de l'affection à cet étranger, qui gueule et frappe à peine réveillé.

La mère travaille à la caisse d'une grande surface et, pour elle aussi, les journées sont longues. C'est une petite bonne femme nerveuse, un peu fatiguée d'élever pratiquement toute seule le jeune Matthieu. Elle cède toujours un peu trop facilement aux demandes de son fils qui a bien compris l'avantage de sa situation de petit homme à la maison et parvient à lui imposer ses quatre volontés.

Cheveux très courts coupés en brosse, yeux bleus extrêmement clairs, enfoncés très profondément dans les orbites, il a quelque chose de vieux dans le visage. Seule, sa petite taille rappelle qu'il s'agit d'un enfant.

– Je m'en fous, je me tue, si tu ne le fais pas !

– Je t'ai déjà dit, Matthieu, de ne pas parler comme ça!

Il est là, planté devant sa mère, dans la cuisine. Le néon, au plafond, renvoie une lumière brutale. Il taille un morceau de bois, à l'aide d'un Opinel bien trop grand pour sa main d'enfant. Sa mère épluche les légumes pour la soupe.

– J'aime pas te voir avec ce couteau Matthieu!

– Fallait pas me l'acheter, répond sèchement l'enfant.

– Tu te souviens donc pas de la comédie que tu m'as faite pour l'avoir... et en plus je me suis fait engueuler par ton père! Allez, va te changer, il ne devrait pas tarder! J'espère qu'il ne sera pas de mauvaise humeur...

Matthieu replie la lame de son couteau.

– Alors, tu me l'achètes?

Sa mère verse les légumes dans une passoire métallique et soupire :

– Tu me casses les pieds, Matthieu! Monte te nettoyer!

Dans la salle de bains du haut, l'enfant se lave les mains, puis se mouille la tête avec un gant et tente de se faire une raie avec le gros peigne bleu. Dans sa chambre, il enfile un survêtement propre, puis ouvre doucement la porte-fenêtre.

Dehors, la lumière, devenue grise, se transforme progressivement en un immense drap mauve, piqué par la lueur pâle des lampadaires.

Matthieu recule de trois pas. Il ferme les yeux et s'élance dans le vide.

Sa mère croit voir passer à la fenêtre de la cuisine un grand chiffon, un pull... Une fraction de seconde plus tard, c'est le bruit sourd du choc qui l'alerte. Elle se précipite dans le jardin. Deux voisins sont déjà là, devant l'enfant. Elle pousse un cri terrible. Pourtant, Matthieu n'a même pas perdu connaissance et s'est relevé presque aussitôt. Quelqu'un a appelé les pompiers.

Le père arrive derrière la voiture rouge, au moment où l'on emporte l'enfant sur une civière. En passant devant lui, Matthieu mord sa lèvre pour ne pas montrer qu'il a mal et envie de pleurer. Il fait même, avec les doigts, le V de la victoire. L'ambulance s'éloigne en silence, balayant avec son phare, d'un trait bleu, les façades des maisons et les visages des voisins, restés sur le pas de leur porte.

– Je ne sais pas comment cela s'est passé... Je suppose qu'il s'est penché pour attraper quelque chose... tente d'expliquer, encore toute tremblante, la mère de Matthieu.

Le père hausse les épaules en prenant le volant pour rejoindre l'enfant à l'hôpital.

– Tu ne fais pas assez attention à lui, c'est tout! Tu lui cèdes tout...

Cette fois, la femme éclate en sanglots. Tout lui semble trop injuste. Trop difficile. Épuisant.

– Entorse aux deux chevilles, foulure du poignet gauche, tu t'en tires bien mon garçon... dit le jeune médecin.

– Dommage, laisse échapper Matthieu à mi-voix.

Le médecin, occupé à se laver les mains, fronce les sourcils en regardant l'infirmière, elle aussi surprise par la réflexion de l'enfant.

Le « dommage » exprimé par Matthieu a fait mouche! Le responsable des urgences repose la serviette qu'il tenait à la main, remonte ses lunettes sur son front et sort de la pièce. Il avait dit aux parents d'attendre, que le petit pourrait retourner à la maison si les radios ne décelaient rien d'inquiétant.

Il s'adresse plus précisément à la maman de Matthieu.

– Le gamin a eu beaucoup de chance. Je préfère, malgré tout, le garder en observation vingt-quatre heures...

Les parents à peine sortis du service, il retourne au chevet de l'enfant. Il parle très longuement avec lui. Il lui fait évoquer ses copains à l'école, ses moments les plus agréables à la maison, puis il lui demande de parler de ce qui est le plus pénible dans la vie, des moments où il se sent malheureux.

– Je suis pas malheureux, se défend Matthieu, dans un premier temps.

Mais, après un long silence, l'enfant ajoute avec une drôle d'expression désabusée :

– Je ne vois pas mon père de toute la semaine. Quand il rentre, il dort et, quand il se réveille, il gueule.

Le médecin est étonné par le franc-parler, la vivacité de Matthieu et cet accent de fatalisme qu'il manifeste en s'exprimant. Et tout de go il lance, en pensant surprendre l'enfant :

– Pourquoi, tu as dit « dommage » tout à l'heure?

– Ma mère, elle ne me croit pas, quand je lui dis que je me tue. Si elle ne m'écoute pas...

Le médecin saisit le poignet blessé de Matthieu, vérifie l'élasticité de la bande.

– Ça ne te serre pas trop?

L'enfant fait un signe négatif de la tête. Il serre les dents. Il a mal, mais ne veut pas le montrer.

– Au fond, reprend le médecin, à ta mère, tu lui fais ces coups-là pour lui faire peur. En fait, tu ne veux pas te tuer?

Matthieu se redresse sur un coude. Ses yeux sont bizarrement blancs.

– Si! j'en suis capable!

– Tu sais ce que ça veut dire « mourir »?

Matthieu repose sa tête sur l'oreiller bleuté et ferme les yeux.

Bien sûr! On n'existe plus, on ne se souvient plus de rien. On ne sent plus rien, ni dans son corps ni dans sa tête. Ça, c'est bien, de ne plus rien sentir dans sa tête. On est comme une pierre qui va s'user pendant longtemps sous la terre.

Le médecin passe la main sur le front de l'enfant et lui tâte le pouls. Il trouve que Matthieu a un drôle de visage, trop adulte pour son âge.

– Si tu fais ça, tu leur feras de la peine, à tes parents... dit-il.

L'enfant ouvre les yeux.

– Tant mieux! répond Matthieu sur un ton cinglant.

Il ajoute, le visage blanc :

– Ils seront punis et ils me regretteront, comme ça!

– Tu veux les punir de quoi?

– D'être cons!

– Pourquoi dis-tu qu'ils sont cons?

– Ils ne comprennent rien à rien.

Depuis un moment, Matthieu suit des yeux une petite mouche qui tourne sans cesse autour du lampadaire circulaire suspendu au-dessus de son lit. Amusé par son va-et-vient, l'enfant a un petit sourire. La question du médecin le sort de sa rêverie; son visage se crispe.

– Ils ne sont pas méchants avec toi, tes parents?

– Et les baffes? C'est pas toi qui les prends! Ça fait mal, je te jure, les mains du routier... Un jour, je le dirai au juge!

– Tu pourrais peut-être les punir autrement? suggère le médecin, avec un sourire qui indique bien toute sa complicité avec l'enfant.

– Je crois pas! Si je me tue... ça les tue, c'est sûr!

– Moi, je crois que tu devrais réfléchir sur une autre façon de les punir, conclut le médecin.

Le lendemain, il tente d'expliquer aux parents de Matthieu qu'il souhaite poursuivre ces entretiens avec l'enfant, en compagnie d'un psychologue.

– S'il n'a pas de fièvre, s'il n'a plus mal, c'est pas utile qu'il reste à l'hôpiral, répond brutalement le père.

– Et pourquoi faire, le psychologue? demande la mère.

– C'est vrai ça, pourquoi faire? renchérit son mari.

Il est visiblement pressé de sortir de ce bureau; on le sent irrité d'être là – il n'a pas eu son compte de sommeil réparateur.

Prudemment, avec le maximum de délicatesse, le médecin tente de faire comprendre aux parents de l'enfant que sa chute n'est pas accidentelle.

– Des sornettes ça! objecte le père de Matthieu. Il fait que des conneries et il est trop trouillard. Vous n'allez pas me faire croire qu'il a fait une tentative de suicide?

La maman manifeste plus d'inquiétude.

– C'est vrai qu'il dit toujours : « Si tu fais pas ça, je me tue! »

– Chantage! chantage de gamin, reprend le mari. C'est de la foutaise, tout ça! Il me l'a jamais raconté, va, à moi qu'il se tuerait... Il se serait ramassé une belle torgnole qui lui en aurait fait passer l'envie.

L'homme a déjà la main sur la poignée de la porte. Pour lui, l'entretien est fini; il ne pourra jamais admettre la thèse du suicide.

Le médecin comprend qu'il ne pourra ébranler davantage les certitudes de cet homme sûr de lui, sans aucune finesse, aux yeux avides, au visage couleur de terre rouge, et trop occupé de lui-même.

La vie a repris son cours dans la zone pavillonnaire où vit la famille de Matthieu, à la sortie de Périgueux. Pour le voisinage, le père n'a pas cessé d'évoquer la thèse de l'accident.

Depuis quinze jours, il est absent, une grève des douanes ayant immobilisé son camion à la frontière espagnole.

L'enfant s'est vite remis de ses blessures. Occupé dans sa chambre à classer les images de son album sur la préhistoire, il se dit à lui-même :

« Pourvu qu'elle dure, cette grève. On est bien tranquilles, sans lui... »

Matthieu ne fait plus de chantage à sa mère.

– Il est beaucoup plus raisonnable, dit cette dernière à une voisine.

De jour en jour, Matthieu semble plus silencieux, plus en retrait, d'humeur chagrine. Il joue seul dans le garage ou reste de longs moments le front vissé au carreau de la fenêtre de la salle à manger, clignant des yeux.

Dehors, les toits surchauffés des voitures scintillent comme des grains de poussière phosphorescents. La lumière a changé d'aspect. Elle est maintenant plus rude ; elle blesse, mord et tente d'effacer avec violence tout ce qui est autour d'elle.

– Qu'est-ce que tu regardes sans cesse, là ? interroge sa mère.

– Rien. Je pense.

– Tu penses à quoi ?

– A rien !

– On pense toujours à quelque chose...

– Je pense que je ne suis pas comme les autres enfants.

– Qu'est-ce que tu as de différent ?

– Je suis vieux.

– Mais qu'est-ce que tu racontes?

Cette réponse a troublé la maman de Matthieu. Elle passe sa main dans les cheveux de l'enfant, qui réagit comme un petit chat sous la caresse.

– C'est vrai que tu es un peu trop sérieux actuellement... tu devrais sortir plus, jouer avec les gosses du coin...

Le père téléphone en fin de soirée. Sans prendre le temps de dire bonjour, il lance sèchement :

– C'est moi. Je rentre cette nuit, sous le coup de 3 heures. Elle est finie, cette putain de grève!

Matthieu ne perd rien de la conversation téléphonique. Il sent une grosse boule dans sa gorge et, sans raison, se met à saigner du nez.

Sans vraiment se gêner pour le voisinage, le routier donne deux grands coups de klaxon en pleine nuit. Il relâche la pression des freins et se dirige vers son pavillon. Il ne trouve ni sa femme ni son fils. C'est une voisine qui l'accueille. Un mauvais pressentiment lui fait dire :

– Qu'est-ce qui se passe encore? C'est le môme?

La voisine, ensommeillée, explique en chuchotant...

Moins d'un mois après sa première tentative de suicide, Matthieu s'est jeté une seconde fois par la fenêtre. Cette fois, la chute a été plus grave. L'enfant s'est mal reçu. Il est dans le coma depuis des heures, avec un genou brisé et plusieurs côtes cassées. La voisine, cette fois, n'hésite pas à parler de suicide. Le père de Matthieu soulève les épaules, téléphone à l'hôpital et sort précipitamment la voiture du garage en maugréant :

– Quel con, ce gosse! Quel con! Il va nous faire mourir...

Il brûle un feu dans la nuit, puis deux. Il sent sa chemise trempée sous les aisselles. Tout en conduisant, il frappe du plat de la main sur le volant et répète :

– Quel con, quel petit con! Mais qu'est-ce qu'on a fait au Bon Dieu...

Peu à peu, Matthieu sort du coma. Cette fois, il reste plus d'un mois à l'hôpital. Malgré de multiples interventions sur son genou, Matthieu boitera désormais légèrement.

– Je pense que vous considérez aujourd'hui, après ces deux défenestrations en un mois, que votre enfant est en danger, dit le médecin, sans dissimuler son irritation.

La mère pleure. Le père masque son embarras en allumant nerveusement une cigarette. Le médecin ajoute, plus calmement :

– Il faut clarifier le grand désarroi de Matthieu. Nous devons mettre en place une thérapie familiale.

– Qu'est-ce que c'est? bougonne le père.

Le médecin explique qu'il s'agit d'une série d'entretiens communs avec l'enfant et les parents, deux à trois fois par semaine. Le routier hausse les épaules pour manifester son incompréhension.

– Et le boulot? Qui c'est qui va le faire, mon boulot? Elle attend pas, la route. Et, le patron, il attend pas non plus!

La mère viendra assez régulièrement participer à ces rencontres.

Six années se sont écoulées. Matthieu est à présent un adolescent de quinze ans. Il a toujours ce visage de gamin trop vieux. Il se regarde quelquefois dans la glace et se dit à haute voix :

– T'es pas beau mon gars... T'es vraiment pas beau...

Dans la famille, on n'a plus aucun souvenir des tentatives de suicide du petit.

Matthieu a beaucoup investi dans son travail scolaire et est devenu un très bon élève. Il est aujourd'hui en seconde au lycée agricole de Périgueux.

La situation professionnelle de son père ne s'est pas améliorée. Les conditions de travail, sur la route, sont extrêmement difficiles; il est de plus en plus absent, ne rentre pas avant le samedi soir et il est complètement usé par le volant. Tout cela n'arrange pas, évidemment, les relations avec la famille et notamment avec Matthieu, qui est en âge de s'opposer.

Le père se sent méprisé par cet adolescent intelligent, cultivé. La mère craint le pire. D'autant que, depuis quelque temps, son mari force un peu sur la bouteille.

Ce dimanche soir, justement, Matthieu vient de prendre parti pour sa mère, injustement accusée de négliger la maison. Le père a un peu trop arrosé son repas en buvant, pratiquement seul, deux bouteilles de mauvais rouge. Tout en débarrassant la table, Matthieu a l'audace de faire remarquer :

– C'est pas bien de parler à maman comme tu le fais !

– Toi, l'intellectuel, ferme-la ! J'en ai marre de toi... Tu ne te prends pas pour une queue de cerise !

Affalé sur la table, les yeux injectés de sang... tout dans son attitude lui donne un air de vulgarité qui exaspère l'adolescent.

– Ça suffit ! hurle la mère.

L'homme se relève d'un coup en renversant sa chaise et rugit :

– Ta gueule, toi !

Alors qu'il lève la main sur sa femme, Matthieu lui saisit le bras. L'homme se dégage vivement, s'empare d'une bouteille vide et menace son fils qui se replie vers la porte de la cuisine en tirant sa mère à lui. Avant qu'ils puissent sortir de la pièce, la bouteille éclate sur le montant du réfrigérateur. Le routier se lève en titubant, manque de tomber, se rattrape à la table et commence à frapper en tout sens. Sa femme n'ose plus bouger. Matthieu tente désespérément de protéger sa mère et, à son tour, saisit une bouteille et atteint son père. L'homme s'étale sur le carrelage, évanoui. Un instant, Matthieu croit l'avoir tué. Un drôle de silence s'installe aussitôt. Un silence très intérieur qui absorbe tout dans la maison : la respiration, les larmes, les soupirs, les déplacements, les craquements habituels des parquets et des meubles.

Les cris ont alerté les voisins. La sonnerie de l'entrée retentit. Le chef de quart de Police secours est sur le pas de la porte. Embarrassé, il procède aux premières constatations. Le père de Matthieu revient à lui. La bouteille n'a entamé que très superficiellement le cuir chevelu. Néanmoins, l'adolescent est contraint d'aller s'expliquer au commissariat, son père ayant décidé de porter plainte contre lui.

Le lendemain, il est présenté au juge pour enfants. Le magistrat écoute avec beaucoup d'attention et de compréhension l'histoire de Matthieu.

– Si tu veux, je peux te faire placer dans une famille d'accueil, suggère-t-il.

– Ce n'est pas nécessaire, répond Matthieu. Le lycée agricole me place en stage tout l'été dans une ferme de la région. On verra à la rentrée...

Le stagiaire est bien accueilli dans la grande exploitation du Périgord vert.

Le patron est un grand gaillard d'une quarantaine d'années, extrêmement calme, réfléchi, doux. Il pèse ses mots avant de s'exprimer et il est reconnu par tous, au village, pour son bon sens, sa générosité, son humanisme, son respect de la nature. Il ne fabrique que du naturel. Les poules, les dindons, les oies de la ferme sont réellement « fermiers » !

– Ici, dit sa femme, on ne connaît pas les granulés chimiques... Toutes les bêtes sont nourries à l'orge et à l'avoine. Nous ne sommes pas des « bourreaucrates »...

C'est ainsi qu'elle appelle les paysans qui font pousser les veaux trop rapidement avec des hormones, pour les conduire plus vite à l'abattoir.

Cette conception de l'agriculture plaît beaucoup à Matthieu. Il s'attache très vite à ses employeurs. La patronne est une femme dynamique, généreuse, volubile, qui déploie une énergie extraordinaire.

– Un vrai moulin à paroles, dit son mari avec une grande affection.

En fait, elle pense tout haut. Peut-être pour rompre une certaine solitude dans les travaux de la ferme. Matthieu s'amuse beaucoup de ses dialogues avec les animaux. Elle commente chacun de ses gestes. Pour l'heure, elle s'explique avec les poules :

– Que vous êtes bêtes, mes filles, ne mangez pas ça ! C'est pour Fanette...

La chienne surgit et course les volailles.

– Ça va pas, toi, Fanette! Tu vas me les estourbir. Allez, zou, file plutôt me chercher ces idiots de moutons!

Un peu plus tard, Matthieu l'observe en train de s'en prendre à un pied de courge qui résiste.

– Mais qu'est-ce que tu as, toi, vieille racine? Tu crois que je vais m'escagasser longtemps comme ça! Je vais te fiche un coup de binette, tu vas voir!

Les patrons ont deux enfants : Jean-Pierre, huit ans, et Stéphanie, seize ans. J.P. – c'est ainsi qu'on appelle le petit à la ferme – est un gamin affectueux, très bisous, craintif, et qui se passionne pour les tracteurs. Celui de son papa est évidemment le plus beau. Ce papa fait son admiration; le moindre de ses gestes ou de ses travaux aux champs est commenté par l'enfant avec un grand enthousiasme. J.P. est heureux. Sa mère dit de lui sans cesse :

– C'est un poète. Il est dans la lune mon kiki.

Stéphanie est une belle jeune fille. Elle tient de sa mère – d'origine espagnole – sa beauté, ainsi que son tempérament vif et son sens de la repartie. Elle ne laisse pas Matthieu indifférent. Elle est également en seconde au lycée de Périgueux, mais elle est aussi très active à l'exploitation et s'occupe intensément du petit poète.

D'emblée, Matthieu a aimé cette famille et la famille, elle aussi, s'est vite attachée à cet adolescent travailleur, entreprenant, toujours prêt à donner un coup de main.

– C'est des parents comme les tiens que j'aurais aimé avoir, vient de confier Matthieu à Stéphanie.

Les deux adolescents sont installés dans un réduit attenant au poulailler.

Dehors, le soleil tape fort à ce moment de l'après-midi. Il n'en finit plus de blanchir la luzerne, de brûler les géraniums et les blés. La chaleur écrase tout ce qu'elle touche; il n'y a pas un souffle d'air; une chape de goudron semble peser sur la ferme.

Un marchand de poulets doit venir chercher le soir

même une quinzaine de bêtes prêtes à la consommation. Matthieu panique à l'idée de devoir les égorger.

– T'inquiète pas, je vais te montrer, c'est pas compliqué, explique Stéphanie. Il faut pas avoir peur du sang, c'est tout!

Elle saisit par les pattes une poule bien grasse, la maintient entre ses genoux, la tête renversée, et lui plante la pointe de son couteau effilé dans la gorge. Le sang s'écoule dans une cuvette métallique, aux pieds de l'adolescente.

– Le sang, il est bon, tu peux le boire, si tu veux.

– Tu me prends pour un vampire! réplique Matthieu en forçant son rire.

Tout ce sang, terriblement noir, l'impressionne.

– Nous, on le mange, ce sang...

Matthieu roule des yeux incrédules. Décidément, plein de choses l'étonnent encore à la campagne.

– Eh oui! reprend Stéphanie, on le mange : ça s'appelle faire la sanguette. On attend qu'il soit caillé et on le mélange avec de l'ail, du jambon et des croûtons frits.

Matthieu fait la grimace et regarde tristement la poule secouée par les derniers spasmes.

– Maintenant, dit l'adolescente, tu la chopes par les pattes et tu te la jettes dans l'eau bouillante... Ça permet d'enlever les plumes plus facilement.

Stéphanie plonge la bête dans un gros chaudron empli d'une eau tumultueuse. De grosses bulles jaunes éclatent à la surface. Elle maintient quelques secondes le corps de la poule au fond de la cuve, le repêche quelques minutes plus tard, le dépose sur une planche et tire sur les plumes qui s'enlèvent par poignées. Matthieu est plein d'admiration pour cette fille qui non seulement est jolie, mais travaille bien au lycée et fait tant de choses à la ferme.

– Allez, à toi, maintenant! prévient Stéphanie en lui jetant une poule dans les bras.

Matthieu a du mal à maintenir l'animal entre ses jambes, ce qui fait éclater de rire Stéphanie. Il se débat avec la bête. L'adolescente vient à son secours; il relâche son étreinte : la poule s'échappe, mais les mains du garçon viennent de rencontrer celles de son amie.

Leurs yeux s'épient. Tout est soudain calme et brûlant. Leur respiration est retenue. « Quel vacarme dans la poitrine, se dit Matthieu. C'est fort comme une envie de pleurer. » Ils ne savent pas se dire l'un à l'autre le bonheur de leurs sensations intérieures.

– Eh bé, les amoureux, vous n'aurez jamais fini, de cette manière-là !

La patronne, un seau d'eau bouillante à la main, vient augmenter le niveau du chaudron. Matthieu sent le rouge lui monter aux joues.

– C'est qu'il rougit, le drôle ! Allez, zou, c'est plus de votre âge que du mien...

– T'es pas maline avec tes réflexions, soupire Stéphanie en attrapant brutalement une autre poule.

Cela fait maintenant plus d'un mois que Matthieu est installé à la ferme. Il est vrai qu'il est amoureux, et il a bien du mal à s'endormir sans penser à Stéphanie. Une maigre cloison sépare sa chambre de celle de l'adolescente. Il écoute, l'oreille plaquée à la tapisserie, chacun de ses gestes, de ses déplacements. Il devine le frôlement de sa peau sur les draps frais, son odeur, ses cheveux au parfum de tilleul. Il est à l'affût du moindre soupir.

C'est dimanche. La ferme fonctionne au ralenti. Matthieu s'est installé sous l'appentis aux tuiles rondes – entre le puits et le four à pain –, aux vieilles pierres grignotées par le temps, les mulots et des insectes de toute sorte. C'est ici qu'il fait le moins chaud, en cette fin de matinée. Matthieu a décidé d'écrire à sa mère. Cela fait déjà un long moment qu'il a simplement calligraphié : « Chère maman, je vais bien ». L'adolescent répète plusieurs fois : « Je vais bien ». Il a du mal à se concentrer, tant il est troublé par la pensée de Stéphanie et par les bruissements campagnards.

L'ouïe tendue, il ne veut rien perdre de tout ce qui vit dans la lumière blanche d'un soleil légèrement voilé, qui annonce une journée de grand cagnard. Il se laisse distraire par la danse zigzagante des mouches et les cris d'oiseaux qu'il cherche à identifier. Stéphanie lui a enfin expliqué pourquoi des dizaines de petits passereaux viennent se coller régulièrement au crépi émietté de la façade. Les fauvettes ou les martinets empruntent tout simplement un peu de sable, un peu de ciment pour renforcer leurs nids.

L'adolescent balaie de la main une guêpe attirée par la fraîcheur. Ici, Matthieu se sent heureux, pour la première fois de sa vie.

La patronne surgit, un arrosoir à la main, la tête couverte d'un bob publicitaire qui vante les qualités d'une peinture. Elle est en short. « Une vraie touriste à l'heure de la pétanque et du pastis », pense Matthieu. Elle est suivie par la chienne de la maison, Fanette.

– Mais tu me colles, ma Fanie? C'est incroyable, ça!

Elle vient puiser de l'eau et prend le temps de rappeler à Matthieu la différence entre un puits et une citerne.

– Un puits, il est alimenté par le fond, par une source. Notre citerne, elle recueille les eaux de pluie.

Elle se baisse, caresse la petite chienne.

– Allez zou, ma Fanette, va me chercher les moutons!

Tandis que s'éloigne la patronne, le petit J.P. s'approche de l'appentis. Il a vissé sur sa tête le même bob que sa mère, mais trop large pour lui, et porte un short bleu, avec un liséré blanc sur le côté. Il marche sans chaussures sur le gravier.

– Boudie, c'est chaud! Je me les brûle. Qu'est-ce que tu fais? demande l'enfant.

– J'essaie d'écrire à ma mère.

J.P. saisit un siège de toile et prend place à côté de Matthieu. Il tente de lire par-dessus son épaule.

– Si tu y arrives pas, je t'aide.

– Je vais y arriver... C'est au début que c'est dur.

– T'écris à ta mère et pas à ton père? s'étonne l'enfant.

– Non, j'écris pas à mon père.

– T'es fâché avec lui?

– Oui!

– Tu l'aimes pas ton père?

– Non!

– C'est pas possible, ça, de pas aimer son papou!

Le petit J.P. tape du plat de la main sur la table pour indiquer sa consternation.

– C'est compliqué, tu sais. Le mien, il est pas gentil.

L'enfant se lève, fait le tour de la table, se dresse sur la pointe des pieds et pose amicalement sa main sur l'épaule de Matthieu, mesurant soudain toute la gravité de la situation.

– T'es triste alors? dit l'enfant avec une toute petite voix.

– Non, ça va, dit l'adolescent en se raclant la gorge.

– Si, forcément, t'es triste, insiste J.P.

Matthieu passe sa main dans les cheveux de l'enfant. J.P. prend le grand par le cou et l'embrasse au moment où une mobylette surgit dans la cour de la ferme.

– Té! voilà l'amoureux de Stéphanie, fait l'enfant en se précipitant vers le garçon qui enlève son casque.

Matthieu se penche une nouvelle fois sur sa feuille et lève la tête, préoccupé par l'arrivée du garçon à la mobylette. Le soleil à présent joue avec de gros nuages gonflés de noir.

– Il se pourrait bien qu'on ait l'orage avant ce soir, lance la patronne qui vient chercher des légumes près de l'appentis.

Matthieu est reparti dans ses pensées. A quelques centimètres de lui, il voudrait ne pas voir cette souris qui agonise après avoir absorbé des graines empoisonnées. Il ne se résout pas à abréger ses souffrances, d'un coup de bâton ou de pierre. Elle bouge de temps à autre, parvient à se déplacer d'un pas ou deux et retombe sur le côté, prise de convulsions, les pattes frémissantes, le ventre haletant. Une mouche, impatiente, se pose au coin de son œil. Un gros nuage noir passe sur la maison.

– C'est moche, la mort, se dit Matthieu à haute voix.

Il ferme les yeux. Un instant, il se revoit enfant à l'hôpital. Il reprend connaissance. Le médecin est penché sur lui... il ne voit que sa tête, ses yeux, énormes... Il entend, lointain :

– Cette fois, il n'y a pas de doute... vous êtes convaincus, n'est-ce pas! Il s'agit bien d'une tentative de suicide...

Le klaxon de la mobylette le sort du passé. Matthieu ouvre les yeux.

– Tu viens avec nous à la piscine? lance, de sa jolie voix claire, Stéphanie, qui grimpe déjà derrière son ami.

Matthieu fait instinctivement un geste négatif de la main. L'engin s'éloigne en pétaradant. Matthieu ne comprend pas, soudain, pourquoi sa vue se trouble, pourquoi ses yeux sont mouillés.

Il froisse la feuille de papier devant lui et la jette rageusement en direction de la souris qui est morte... Dix minutes plus tard, le voici pédalant comme un fou sur la route à peine ombragée. Il transpire à grosses gouttes. Il a emprunté le vélo de Stéphanie et il a décidé de se les faire, ces dix kilomètres qui séparent la ferme de la piscine. Il prend des raccourcis en passant par les chemins caillouteux qui bordent les champs de maïs, aux têtes ébouriffées, et les champs de tournesols, épanouis, magnifiquement dorés.

Il arrive trempé de sueur, mouillé comme s'il avait essuyé un terrible orage. En catimini, il s'approche du bassin. Il cherche d'abord les deux adolescents dans l'eau, puis il prospecte aux abords de la piscine entourée d'arbres. Enfin, il les voit enlacés, s'embrassant à pleine bouche. Une nouvelle fois, les larmes lui montent aux yeux. Stéphanie aperçoit Matthieu. Elle lui fait un geste, l'invitant à les rejoindre. L'adolescent se retourne vivement et s'éloigne en courant, la rage au cœur. Il grimpe sur le vélo et pédale de plus en plus vite. A un kilomètre de là, il freine et fait demi-tour.

Sous un abri, il repère la mobylette de son rival. Matthieu jette un coup d'œil autour de lui, sort son Opinel et lacère furieusement le pneu arrière.

En arrivant à la ferme, il se réfugie dans le réduit près du poulailler. Assis dans la paille souillée, il est là, l'air buté.

De la pointe de son couteau, il s'occupe à séparer des brins de paille. Sur l'arête de la porte vermoulue, une souris montre son museau. Elle semble regarder Matthieu avec une intense curiosité. Il prend son Opinel par la lame, vise avec application et le lance en direction du petit animal, qu'il assomme avec le manche. Matthieu se lève, attrape la souris par la queue et la jette aux poules, puis il essuie soigneusement son couteau et reprend sa place dans un coin du réduit. Le poulailler exhale des odeurs fortes, qui montent à la tête. Matthieu y est insensible. Il frotte la partie non tranchante de la lame de son Opinel sur son poignet, plusieurs fois, comme un jeu, sachant qu'il ne peut se blesser. Soudain, il retourne la lame. La partie effilée entame sa peau. Un trait rouge s'inscrit progressivement à la surface de la chair qui se déchire d'un coup. Le sang jaillit. Matthieu le regarde s'écouler un instant sans bouger, puis court vers la ferme. Sur le perron de la maison, il bouscule le patron.

– Qu'est-ce qu'il t'arrive? crie l'homme qui voit la main de l'enfant pleine de sang.

– Je me suis blessé avec un grillage, répond Matthieu.

Le patron lui fait immédiatement un garrot et le conduit à la pharmacie. Deux points de suture ont fermé la plaie.

– Elle est étrange, votre blessure, dit le pharmacien. Elle ressemble plus à une coupure.

Stéphanie non plus ne croit pas à cette histoire de grillage, d'autant que, depuis quelques jours, Matthieu ne lui parle plus.

Occupée avec sa mère à éplucher les haricots verts du jardin, elle dit :

– Je le trouve bizarre, Matthieu. Il ne m'adresse plus la parole...

– C'est parce que t'as trop d'amoureux, ma fille!

– Je suis sûre que c'est lui qui a crevé les pneus de la mobylette...

– Alors, c'est la passion, répond sa mère.

Et elle ajoute :

– Te moque pas, il est malheureux...

Le lendemain, Matthieu tient absolument à participer aux foins. Il bottelle avec une vigueur rageuse; tantôt en bas de la remorque du tracteur, piquant la paille avec la fourche, tantôt en haut, empilant les bottes avec Stéphanie, sans parler.

– Mets ton chapeau! crie plusieurs fois la patronne.

Stéphanie, les cheveux pris dans un joli foulard à fleurs, comme ceux que portent les paysannes russes, ajoute :

– Il tape, Mahomet. C'est un traître, fais attention!

Matthieu ne répond pas. Stéphanie se met à hurler :
– Il va durer longtemps, ton cirque? Pourquoi tu ne me parles plus?
L'adolescent descend aussitôt de sa tour de paille.

Le traître a bien frappé. Le soir, Matthieu se retrouve le visage cramoisi; il est pris de frissons et se couche avec un peu de fièvre. Stéphanie prend son rôle d'infirmière très au sérieux. L'adolescent ne veut pas dire combien il est heureux de ne l'avoir que pour lui. Un moment, elle lui prend la main pour voir s'il a toujours de la fièvre; Matthieu ne la lâche pas. Stéphanie se penche sur lui et pose un baiser mouillé sur ses lèvres.
– Alors, si tu m'embrasses, c'est que tu m'aimes? balbutie l'adolescent.
Stéphanie ne répond pas.
Sa mère rentre à cet instant, avec deux énormes œufs à la main.
– Je vais te les faire à la coque... Tu m'en diras des nouvelles, mon petit! C'est pas des œufs de la ville, tu peux me croire!
Le baiser de Stéphanie, les œufs de sa mère...
C'est trop pour Matthieu. Il se retourne et il enfouit sa tête dans l'oreiller... Il fait tout pour prolonger, le plus longtemps possible, sa convalescence.

Matthieu a repris son travail dans la ferme. Le soir, il a le plaisir incommensurable de faire des balades avec Stéphanie, dans les odeurs suaves et apaisantes de la campagne. Il sent bien, néanmoins, qu'elle ne donne pas facilement sa main...

La fin du mois d'août marque le terme du stage. Matthieu quitte la famille, la gorge serrée.
– Tu reviens quand tu veux, dit le patron de sa belle voix douce.
La patronne ne peut pas retenir son émotion.
– Tu vas nous manquer, tu sais...
Matthieu regarde longuement Stéphanie. Il cherche,

en vain, quelques larmes dans ses yeux. Il aurait aimé qu'elle pleure un peu. Ils se promettent de s'écrire...

La première semaine à la maison se passe sans incident, sans heurt. Forcément, le père est sur les routes. Quand il rentre, tout recommence très vite comme par le passé. Disputes, cris, coups reprennent. Matthieu est revenu très solide, très costaud, après ces travaux aux champs. Quand son père le menace, cette fois, il n'hésite pas un instant. Son poing part instinctivement.

L'adolescent écrit plusieurs fois à Stéphanie. Elle répond gentiment à la première lettre, puis, plus rien...

Les mois ont passé. Matthieu a attendu le retour de son père pour installer la corde sur la poutre du garage. Quand le routier ouvre la porte, il reste figé un bref instant, il crie :

– Matthieu ! mon petit !

Matthieu s'est pendu quelques jours avant ses seize ans.

Isabelle

Isabelle grimpe sur la cuvette des toilettes. Elle accroche à la chasse d'eau la ceinture de sa robe de chambre, fait une boucle à l'autre extrémité, écarte le nœud coulant et glisse sa tête à l'intérieur.

Au-dessus d'elle, par la lucarne, monte une lumière du matin nappée de rose et de parme. A la porte il n'y a pas de verrou. Le règlement l'interdit. Isabelle a bloqué la fermeture avec un livre qu'elle a glissé dans l'espace libre entre le dallage et le bois de la porte. L'odeur d'eau de Javel lui pique les yeux.

Isabelle ne supporte plus ces émanations de désinfectant.

Elle ne supporte plus ces silhouettes de la folie, ces visages craquelés, blêmes, ces regards vides, hagards.

Elle ne supporte plus ces corps désarticulés, bouffis par les anxiolytiques, souillés, qui se traînent le long des murs et qui s'affaissent sur le carrelage froid, au milieu de leurs déjections.

Elle ne supporte plus ces cris rauques, hystériques, d'animaux blessés ni ces rires effrayants.

Elle ne supporte plus le bruit des clefs, obsédant, ces fenêtres aux vitres bleue pâle, incassables.

Elle ne supporte plus ni la nuit ni le jour dans cet hôpital psychiatrique où elle est soignée depuis trois mois, à la suite de sa première tentative de suicide aux barbituriques.

Isabelle a quinze ans.

Cette fois, elle a la certitude de sa mort.

Le cliquetis d'un chariot occupe soudain tout l'espace sonore du service. C'est l'heure du petit déjeuner. Isabelle tire une dernière fois sur la ceinture de sa robe de chambre pour en vérifier la solidité. Ses pieds nus glissent doucement sur la cuvette. Elle ne parvient pas à se jeter dans le vide d'un seul coup. Un goût âcre lui envahit la bouche. Elle ferme les yeux un bref instant. La porcelaine froide de la cuvette glisse lentement sous la plante de ses pieds... ses talons sont encore comme retenus par une dernière aspérité.

La ceinture est tendue à l'extrême; le corps d'Isabelle se débat dans le vide. Ses jambes martèlent involontairement la porte bloquée. Un voile glisse déjà sur ses yeux. Elle n'entend pas l'arrivée précipitée et bruyante de l'infirmière et du surveillant.

Quand l'infirmière est entrée dans la chambre vide d'Isabelle pour distribuer les médicaments du matin, elle a eu immédiatement un pressentiment qui l'a fait se précipiter dans les toilettes. Depuis quelques jours, elle trouvait l'adolescente plus taciturne encore et, à son insu, veillait particulièrement sur elle.

Le surveillant décroche Isabelle avant même qu'elle ne perde tout à fait connaissance. L'élasticité des fibres de la ceinture a considérablement atténué l'effet sur les vertèbres cervicales.

Allongée dans son lit, Isabelle n'éprouve plus qu'un grand engourdissement des membres inférieurs. Bien qu'elle ait les yeux fermés, des larmes coulent sur ses joues blanches. L'infirmière, à son chevet, lui caresse le front avec infiniment de tendresse.

Isabelle occupe cette chambre depuis plus d'un mois et, depuis son entrée, elle passe son temps à lire. Tout ce qui lui tombe sous la main : romans-photos, policiers... Elle a lu également tout Pagnol. Sous un gros cahier, son journal intime, un livre est resté ouvert, à plat, c'est *Le Petit Prince*, de Saint-Exupéry. Sur la table de nuit métallique, une photo de sa mère en compagnie de ses trois sœurs. Isabelle est la dernière de la famille.

– Nous sommes des enfants de vieux.

C'est ce qu'elle a révélé au psychiatre au cours de son

premier entretien. Sa mère, en effet, l'a eue à quarante-sept ans. Son père en avait déjà cinquante-sept. Les sœurs ont quitté la maison très jeunes et vivent en province. Seule, l'aînée vient de temps à autre rendre visite à ses parents. La maman fait des heures de ménage de l'autre côté de la ville, dans le quartier résidentiel. Elle s'y rend à pied pour économiser l'autobus. Une heure pour l'aller. Une heure pour le retour. Le père, cheminot à la retraite, a construit lui-même le petit pavillon à Villeneuve-Saint-Georges, dans la région parisienne, à proximité des derniers jardins ouvriers.

– Isabelle, tu mets la table, ta mère va arriver.
– Oui, papa.

Le père d'Isabelle est un septuagénaire solide, au front large, à la crinière de cheveux blancs, épais. Ses yeux clairs donnent, bizarrement, beaucoup de douceur à son visage plutôt rectangulaire, festonné de deux larges sourcils tirés au cordeau et qui refusent obstinément de blanchir.

Il parle d'une voix étrangement douce. C'est un brave homme, que la petite aime énormément. A la maison, il aide à sa façon. Pendant l'absence de sa femme, il n'hésite pas à faire le ménage et à préparer la cuisine. Il occupe tous ses loisirs au jardin. C'est sa passion.

Tandis que sa fille met le couvert, il épluche des radis avec une extrême application.

– T'as vu comme ils sont beaux! Y a pas à dire, il donne bien ce jardin!

– Si tu veux, je viendrai t'aider demain, dit l'adolescente en disposant les serviettes de table en cornets dans les verres.

– T'es mignonne, ma fille, répond le vieil homme.

Vrai qu'elle est mignonne, Isabelle, avec ses longs cheveux blonds, ses yeux verts très clairs, ce teint si rose et cette voix si fragile qu'on entend à peine et qui ressemble à celle de son père. Isabelle est timide. Et cela ne marche pas bien fort en classe. Elle vient de redoubler sa quatrième et il est de plus en plus question de l'orienter vers un collège spécialisé. Ses parents ne lui connaissent pas de camarade.

– Je sais bien que la maison n'est pas bien brillante, dit souvent sa mère, mais, quand même, tu pourrais recevoir une de tes amies.

La mère d'Isabelle est une femme fatiguée. Elle est aussi petite et frêle que son mari est grand. Elle a encore un joli visage. A l'ourlet de sa lèvre, à la finesse de ses traits, on reconnaît en elle la petite Isabelle.

– J'ai pas envie d'inviter du monde, répond l'adolescente.

– C'est pas normal ça, ajoute sa mère en haussant les épaules pour indiquer son incompréhension.

– Laisse-la donc! dit son père, c'est une sauvageonne, comme moi. On n'a pas besoin des grimaces des autres, nous!

Isabelle est assise sur les genoux de son père, dans le grand fauteuil camaïeu qu'il faudrait bien changer.

– La priorité, c'est le magnétoscope, dit la mère, tout le monde en a, sauf nous.

Isabelle regarde un jeu télévisé en suçotant sa lèvre inférieure.

– C'est un tic, dit son père. On dirait un petit lapin.

Mme Schwartz, dans la cuisine, essuie ses mains savonneuses à son tablier de campagne à petits carreaux noirs et blancs. Elle empile les assiettes dans l'évier et soupire :

– C'est pas pour demain, le lave-vaisselle.

Elle jette un coup d'œil vers le fauteuil et ajoute, sans pouvoir dissimuler un certain agacement :

– T'es pas un peu grande pour faire encore des câlins à ton âge? Viens donc m'essuyer la vaisselle!

Isabelle ne répond pas. Elle regarde son père, comme si elle attendait son approbation.

– Va, ma fille, va aider ta mère.

Elle ne s'attendait pas à cette convocation, pas du tout. Plusieurs fois, le directeur du collège a dit à l'adolescente qu'il souhaitait voir son père, mais elle ne l'en a jamais informé. Cette fois, le message est arrivé par la poste; Isabelle n'a pu l'intercepter.

Son père choisit sa plus belle veste. Celle qui a une fente dans le dos. Il se regarde une dernière fois dans la glace de l'entrée et lance en direction de sa fille :

– Tu crois que ça va? Je te fais pas honte?

Isabelle hausse les épaules et lui dit simplement de ne pas mettre sa casquette.

– Ils vont voir tous mes cheveux blancs! se défend le vieil homme.

– Et alors? Ils sont très beaux tes cheveux, réplique l'adolescente.

– Je t'attendrai à la sortie, ajoute son père.

– C'est pas la peine, murmure Isabelle de sa petite voix.

M. Schwartz remet nerveusement le col de sa chemise en place et, sans regarder sa fille, bougonne :

– Pourquoi c'est pas la peine? Alors, c'est que je te fais honte. Tu ne veux pas le dire, t'as trop d'orgueil!

– Mais non! que t'es bête. Je reste à l'étude! ment l'adolescente.

Ils se séparent dans le couloir étroit, tapissé de grosses fleurs oranges. Isabelle remonte dans sa chambre préparer ses affaires. Elle relit une dernière fois son carnet de notes et, notamment, l'appréciation la plus vexante d'un de ses professeurs :

« Aurait tendance à trop regarder la télévision et à s'identifier aux Nuls! Ne peut décidément pas faire mieux »

Rapidement, Isabelle signe le carnet en imitant parfaitement la griffe du chef de famille.

Avec une attention forcée, le père écoute les commentaires du chef d'établissement.

– Elle n'est pas à sa place ici, comprenez-vous? Elle n'est pas turbulente, certes, on le lui reprocherait presque... On ne l'entend pas, elle ne s'exprime pas, elle reste à l'écart... Votre fille est muette ici!

L'homme parle quasiment sans lever les yeux. Il fouille nerveusement dans ses dossiers, bourre une pipe, la repose, déplace un cendrier, une règle et reprend :

– Mais, enfin, comment est-elle à la maison?

– Pas bien bavarde. Elle est timide, vous savez, répond le père d'Isabelle, embarrassé.

Il est impressionné par son interlocuteur et le bureau dans lequel il se trouve.

– Je crois que vous auriez intérêt à la mettre en apprentissage, et peut-être même à voir un psychologue.

– Mais, ma fille n'est pas folle ! se défend, presque en levant la voix, le père d'Isabelle.

– Je n'ai pas dit ça, je n'ai pas dit ça... répète le directeur, agacé de discuter avec un homme qu'il juge simple et frustre.

Il ajoute :

– Je n'ai pas parlé d'un psychiatre, j'ai dit « psychologue », c'est différent. On ne lui connaît pas de camarade, à votre fille. Elle est trop repliée sur elle-même. C'est mauvais, ça, pour son équilibre. Il faut...

L'homme hésite, allume, réellement cette fois, sa pipe, tire une longue bouffée, recrache une fumée bleue et conclut :

– Il faut qu'elle voie des gens de son âge. Il y a forcément une explication à son retard !

Cette fois, M. Schwartz a un véritable mouvement de colère. Il balaie de la main les papiers devant lui, sur le bureau du directeur.

– Vous voulez dire que c'est de notre faute ? C'est ça que vous voulez dire ? On est trop vieux ? Je suis gâteux, c'est ça !

Le directeur, surpris, se racle la gorge, hoche négativement la tête, se lève, vient à la hauteur du père d'Isabelle, pose sa main sur son épaule pour l'apaiser et murmure, avec une soudaine déférence :

– Il ne s'agit pas de ça, monsieur Schwartz. Comprenez moi bien : il s'agit de l'orienter, de bien l'orienter, tout simplement...

Le père de l'adolescente prend congé du directeur, plutôt froidement.

Il traverse la cour au moment de la récréation. En se dirigeant vers la sortie, il aperçoit soudain sa blondinette, seule, le dos appuyé sur les grilles de la cour, près du gymnase. Il fait quelques pas dans sa direction puis se ravise brutalement. Isabelle, qui vient également de le voir, plonge sa tête dans le livre qu'elle tient entre ses mains. Une fraction de seconde plus tard, elle relève les yeux, ferme son livre d'un coup et se précipite derrière son père en courant. Elle le rattrape sous le porche et l'embrasse sans dire un mot.

– Qu'est-ce qu'il est venu faire, ton grand-père ? demande un grand imbécile de sa classe.

Isabelle ne répond pas. Le soir, elle prétexte de violents maux de tête et reste dans sa chambre.

A l'abri des remparts du fort de Villeneuve, les jardins ouvriers, très protégés du vent, « donnent bien », comme dit le père d'Isabelle. Chaque parcelle est parfaitement délimitée et chaque locataire a construit son petit cabanon, comme dans le midi de la France. Devant chaque porte, on trouve un grand fût d'huile vide qui permet de récupérer l'eau de pluie La plupart sont peints de couleurs vives, criardes même, et donnent au lieu un aspect surréaliste. Isabelle s'applique justement à donner une dernière couche de Ripolin à l'un de ces tonneaux métalliques. Depuis le matin, sans bruit, sans parler, elle s'occupe à de multiples petits travaux.

– C'est bien comme ça, en jaune, papa? demande l'adolescente, de sa voix frêle et lointaine.

Son père, courbé sur un plant de tomates, se relève à demi et tourne la tête vers sa fille.

– C'est sûr que, maintenant, on le voit de loin.

Même si elle ne l'exprime pas, Isabelle aime bien accompagner son père au jardin.

– Tu viendras avec moi chercher des roseaux pour faire des tuteurs avant qu'il pleuve? interroge le vieil homme.

Isabelle fait un signe affirmatif de la tête et entre dans le cabanon. Elle a passé ici tous les dimanches de sa petite enfance. Une table improvisée sur deux tréteaux, deux chaises en toile délavée, un vieux réchaud à pétrole et des étagères, fabriquées avec des briques et des planches, constituent l'ensemble du mobilier.

Dans un coin du cabanon, dans de vieilles boîtes à chaussures transformées en petits lits, Isabelle conserve toutes ses poupées ainsi que ses dînettes. Parfois, elle se retient pour ne pas jouer à la marchande.

Les bras chargés de roseaux, elle court maintenant au côté de son père, sur une des allées qui mènent au cabanon. Les premières gouttes, larges comme des pièces d'un franc, commencent à tomber. Le ciel est tout violet. Soudain plus pesant, l'air pique le nez et la gorge. La poussière du chemin, soulevée par le vent, tourbillonne autour des abris comme une mini-tornade.

– Dépêche-toi, papa, on va être trempés, hurle Isabelle, qui a pris quelques longueurs d'avance.

En quelques secondes, ils sont l'un et l'autre inondés. Ils rejoignent le cabanon tout essoufflés. L'adolescente jette son fardeau devant la porte. L'eau ruisselle sur le toit en fibrociment et s'écoule avec un bruit de petite cascade dans le fût qu'Isabelle vient de repeindre. Le ciel est tout à fait noir. Le cabanon est plongé dans la pénombre.

– Je dois bien avoir quelques bougies sur une étagère...

Tandis que son père cherche bougies et allumettes dans le bric-à-brac d'un panier d'osier, Isabelle s'essuie la tête avec une serviette de table. Penchée en avant, elle frotte ses longues mèches blondes qui roulent en boucles sur ses genoux.

La lueur bleuâtre et jaune d'une bougie que vient d'allumer son père renvoie dans l'étroite pièce une lumière étrange.

– Tu grelottes, ma petite puce... enlève-moi ça que je te frictionne.

Isabelle hésite un instant, se lève et finit par se débarrasser de son tee-shirt trempé. Elle tourne le dos à son père.

– T'es pas épaisse, ma fille, constate le vieil homme en essuyant vigoureusement les épaules maigrichonnes d'Isabelle.

Sa main court sur les côtes frêles et jusqu'au bas des reins de l'adolescente. Elle est véritablement secouée par la poigne de son père. Il la retourne soudain vivement sur elle-même. Isabelle sursaute et masque instinctivement sa poitrine en croisant les bras.

– Ben, alors, ma sauvageonne! t'inquiète pas! J'en ai déjà vu, va, des petits nichons!

Il dégage les deux mains de sa fille et reste un instant planté devant les seins de l'adolescente, comme s'il n'en revenait pas lui-même.

– Dis donc, ils sont mignons... L'endroit est mieux que l'envers.

Isabelle se dégage prestement. Elle trouve à cet instant que son père a un drôle de regard. L'adolescente saisit son tee-shirt, l'enfile hâtivement et sort précipitamment du cabanon.

– Où vas-tu? lance son père. Attends! il pleut trop!

Mais déjà Isabelle court sur le chemin détrempé. Elle ne cherche pas à éviter les flaques d'eau qui se sont formées dans les nids-de-poule. Elle glisse sur les gravillons et s'étale sur le bas-côté. Les genoux et les mains râpés, elle se relève, jette un coup d'œil du côté du cabanon et repart en courant.

Isabelle n'a pratiquement pas quitté sa chambre durant les vacances de Pâques.

– Elle a perdu l'appétit, dit sa mère.

L'adolescente n'est plus retournée au cabanon depuis le fameux orage. Elle évite les regards de son père et ne s'exprime que pour l'essentiel, concernant les choses de la maison. Ses parents s'inquiètent, d'autant qu'elle ne veut plus retourner au collège.

Sa mère a essayé de parler plusieurs fois avec elle, en vain. Isabelle se contente de répondre par oui ou par non. Elle se plaint fréquemment de maux de tête. Le médecin de famille, considérant qu'elle ne s'alimentait pas suffisamment, a prescrit des fortifiants. L'adolescente s'en débarrasse la plupart du temps dans le lavabo.

La maman a téléphoné à la sœur aînée, qui est venue aussitôt. Françoise est assise sur le bord du lit d'Isabelle. C'est une belle femme de trente-cinq ans. Son maquillage impressionne l'adolescente. Ses lèvres sont ourlées d'un rouge baiser violent, comme les modèles qui posaient sur les calendriers à la fin des années cinquante.

Son père dit qu'elle a su se faire une bonne situation. Elle est en effet secrétaire de direction dans une grosse entreprise. Tout va très bien sur le plan professionnel. Côté cœur, les choses sont plus compliquées. Elle a été mariée deux fois et souffre d'une grande instabilité affective.

– C'est l'héritage de la famille, dit souvent la maman.

Françoise prend sa petite sœur par le cou.

– T'es triste à cause de l'école? interroge l'aînée...

Isabelle ne répond pas. Elle regarde du côté de la fenêtre. Puis elle laisse échapper de sa petite voix à peine perceptible :

– Je suis contente que tu sois là.

Sa sœur l'embrasse tendrement sur le front.

– Il faut que tu parles Isabelle, il faut que tu te libères... C'est à cause des parents que tu es comme ça?

Isabelle hoche la tête d'une manière très retenue.
– C'est maman?
– Non, murmure l'adolescente.
– Papa, alors?
Une fois de plus, Isabelle reste muette. Un long silence s'installe entre les deux sœurs.
Isabelle ne parvient pas à dire sa solitude, sa difficulté à s'approcher de sa mère. Elle ne peut exprimer tout ce qu'elle a senti de trouble dans la façon d'être de son père. Et comment dire ce désarroi qu'elle éprouve au collège? Elle ne peut évoquer ce sanglot dans la gorge qui l'étouffe en permanence, tous ces mots qui restent prisonniers dans la bouche. Comment dire cette douleur dans la poitrine qui l'oppresse sans cesse? Comment parler de toutes ces nuits où elle reste les yeux grands ouverts? De la peur du noir qui s'installe ou du jour qui s'éveille? du vide? des autres? Comment expliquer qu'elle n'a pas d'envie, qu'elle est passive, définitivement lointaine, à côté? Alors elle reste dans son silence, triste, secrète, à l'écart de ses parents, trop vieux, à l'écart des autres, de la vie.
– Tu veux venir passer quelques jours à la maison? demande la grande sœur.
Isabelle fait non de la tête.
L'aînée reste encore un long moment auprès de la petite. Elle promet de venir plus souvent. Elle quitte la maison en laissant derrière elle une odeur de parfum chic.

Il y a maintenant quinze jours que l'adolescente fait croire à ses parents qu'elle est retournée au collège. Elle part tous les matins à 8 heures, mais elle traîne toute la journée du côté des cités, ou elle reste des heures entières dans les grandes surfaces de la région. Là, elle dévore au rayon livres des bandes dessinées, des petits romans. Elle change sans cesse de magasin pour ne pas trop éveiller l'attention.
Hier, elle s'est aventurée du côté des jardins ouvriers. De loin, elle a observé son père occupé à désherber. Courbé sur sa bêche, il semblait se fatiguer à l'ouvrage. Isabelle s'en est voulu de le trouver vieux. Les larmes lui sont montées aux yeux et elle s'en est allée du côté du camp des manouches, installé à distance des jardins ouvriers.

« C'est pas là qu'on viendra me chercher, s'est dit l'adolescente. »

Au camp, elle a fait connaissance avec une dizaine de gamins qui l'ont un peu effrayée, au début.

Elle est assise maintenant à proximité d'un grand feu de planches, volées sur un chantier, qui brûle entre trois caravanes plutôt délabrées. L'une d'elles repose à même l'essieu, dans la boue. Un peu plus loin, une bande de gosses s'applique à désosser une carcasse de voiture. Une grand-mère tzigane, les cheveux pris dans un grand châle noir qui met en valeur les deux anneaux qu'elle porte aux oreilles, sort d'une caravane et jette une bassine d'eau savonneuse aux pieds de deux jeunes gens, perchés sur deux magnifiques vélos tout terrain. L'un d'eux regarde Isabelle avec un grand intérêt. Celle-ci s'est liée d'amitié avec Rita. Douze ans, de longs cheveux noirs remontés en chignon, la peau cuivrée, des yeux verts, une robe à volants, des chaussures à talons hauts trop grandes pour elle et qui claquent quand elle se déplace, la jeune nomade tente d'apprivoiser Isabelle.

– C'est pas souvent que les gadjés viennent vers nous, fait remarquer Rita.

– Les quoi? s'étonne Isabelle de sa voix fluette.

– Les gadjés... C'est comme ça qu'on appelle ceux qui ne sont pas gitans.

– C'est pareil pour les garçons et les filles? demande Isabelle.

Rita se gratte la tête, tend l'oreille et répond :

– C'est pareil. Dis, tu ne parles jamais plus fort?

– Non, soupire Isabelle.

De la pointe du pied elle creuse le sol boueux, comme si elle cherchait une attitude. Elle lève la tête et regarde en direction des petits manouches, qui simulent à présent, dans l'épave, une course effrénée sur un circuit imaginaire.

Bien qu'ils soient crottés, avec des vêtements troués et des visages maculés de boue ou de cambouis, marqués de petites plaies purulentes, Isabelle les trouve beaux, émouvants, ces petits mômes.

Rita saisit le poignet d'Isabelle et examine son bracelet.

– Il est chouette... C'est de l'argent?

– Oui, répond Isabelle avec un petit sourire las.

Rita dodeline de la tête et fredonne :

– Oui, non, oui, non ! T'es pas contrariante. Tu me le donnerais ? risque-t-elle.

– Si tu veux...

– Tout de suite ?

Isabelle ouvre le fermoir du bracelet, qu'elle tend à Rita.

– Tu ne vas pas te faire engueuler par tes parents ?

– Non.

Les yeux de la petite manouche s'illuminent. Elle tourne soudain la tête vers les deux garçons sur leurs vélos.

– T'as vu, fait remarquer Rita, il y a le Tonio qui fait que de te regarder. Tu lui plais, je le connais. Il est beau, tu trouves pas ? Remarque, il est trop vieux pour nous, il a vingt ans.

Isabelle se retourne un bref instant du côté du garçon aux yeux et aux cheveux noirs. Elle baisse vite les yeux. A quelques mètres, un grand-père – feutre noir vissé sur la tête, moustache blanche et visage piqué par une maigre barbe grise – fait un geste amical en direction des deux filles. Il avance vers le feu de planches, retire du pied un tison, qu'il pique avec sa canne, et le porte à sa bouche pour allumer une cigarette.

– C'est pas mon pépé, précise Rita, c'est mon père. Il est jeune, le tien ?

– Pas très, répond Isabelle.

Elle marque un temps et ajoute :

– Il faut que je m'en aille...

– Tu reviendras demain ?

– Peut-être.

Rita regarde s'éloigner cette drôle de fille. Au moment où Isabelle s'apprête à sortir du terrain vague, la jeune nomade court derrière elle, la rejoint sur le sentier, la tire par le bras et lui plante sur les joues deux baisers qui claquent. Puis elle retourne du côté des caravanes.

Une lumière violette, de fin d'après-midi, vient se poser sur le camp. Les cris des enfants s'estompent peu à peu.

Isabelle est déjà loin. Elle a repris le grand chemin. Près des cabanons, elle ralentit et respire fort. Elle aime ces odeurs qui se dégagent des jardins ouvriers. Elle s'arrête un instant, se penche par-dessus une haie et hume avec délectation tout ce qui se dégage comme parfums de campagne, si près de la ville.

Elle ne l'a pas entendu arriver sur son drôle de vélo.

Tonio pose sa main familièrement sur l'épaule de l'adolescente. Elle a un léger mouvement de recul.

– Je te ramène, si tu veux?

– C'est pas la peine, susurre Isabelle.

– Fais pas ta timide, monte! ordonne presque le garçon.

Isabelle hésite un instant, regarde autour d'elle et grimpe en amazone sur le cadre du vélo. Les bras du jeune tzigane l'enserrent involontairement. Elle sent sa joue qui frôle ses cheveux. Alors qu'ils s'éloignent, elle tourne un peu la tête pour chercher son regard. Leurs bouches se rencontrent accidentellement.

Isabelle revient au camp le lendemain. Elle s'arrête d'abord au cabanon, en force la serrure, ramasse toutes les poupées de son enfance et prend le chemin du terrain vague, où elle fait sa distribution aux enfants des caravanes. Rita la regarde sans bien comprendre.

– Je n'ai jamais vu une gadjé comme toi, se contente-t-elle de dire.

Isabelle passe tout son après-midi avec ses amis.

En fin de journée, Tonio veut la raccompagner.

Ils se font surprendre par une grosse averse, s'abritent dans le cabanon du père d'Isabelle, et tout se passe alors très vite. Isabelle aime le premier baiser du garçon. Mais elle ne pense pas un seul instant que l'ardeur les mènera plus loin. Tonio devient soudain plus entreprenant, plus brutal, plus violent. Isabelle se débat. Elle veut crier. Le jeune gitan plaque la main sur sa bouche.

Il la déflore sans beaucoup de tendresse. L'adolescente pleure... un peu. Tonio a un petit geste amical, lui caressant les cheveux avant de partir sous la pluie, sur son beau vélo.

Isabelle ne parlera jamais de cet événement comme d'un viol. Elle ne retournera jamais plus au camp.

Cela ne peut durer indéfiniment. Le directeur du collège finit par informer les parents de la jeune fille de ses absences répétées.

A ce moment de sa vie, l'indolence, les silences, l'apathie d'Isabelle sont tels, que rien ne peut plus l'atteindre. Aussi, il n'y a pas de cris, de reproches, de punitions à la maison.

– Mais, qu'est-ce que tu as fait de tes journées? se contente de demander son père.

– Qu'est-ce qu'on va faire de toi, ma pauvre fille? s'inquiète sa mère.

Isabelle accepte de rencontrer l'assistante sociale du collège. Elle dit au cours de l'entretien qu'elle ne veut plus aller à l'école, qu'elle préférerait travailler, entrer en apprentissage.

– Impossible, répond la responsable du service social. T'es trop jeune, on va t'inscrire en S.E.S., en section d'enseignement spécialisé, dans un autre collège. Tu pourras apprendre la couture, ou mieux encore, préparer un C.A.P. de coiffure.

Quelques jours plus tard, à la veille de son inscription dans ce nouveau collège, Isabelle écrit à l'encre violette sur une page qu'elle a arrachée à son journal intime :

« Je vais mourir. Je vous aime. »

Isabelle absorbe la moitié du tube de cachets d'aspirine et une dizaine d'autres pilules qu'elle n'a pas pris le temps d'identifier.

Après le lavage d'estomac, l'interne de garde suggère l'hospitalisation en milieu psychiatrique pour une petite semaine.

Après les premiers entretiens, les médecins convainquent les parents d'Isabelle de poursuivre le traitement pour tenter de clarifier les raisons de cette anxiété, de cette neurasthénie.

Au début, à l'hôpital, ne sortant pas beaucoup de sa chambre, Isabelle ne comprend pas bien où elle se trouve. Peu à peu, elle s'en rend compte et prend peur... Elle se referme davantage, jusqu'à ne plus parler du tout.

Trois autres mois se sont écoulés depuis la dernière tentative de suicide d'Isabelle, dans les toilettes de l'hôpital. Si elle parle toujours de cette petite voix brisée, tout indique néanmoins dans son apparence un grand mieux.

Elle est coiffée avec beaucoup de soin, a repris du poids ; son visage est plus rose, ses yeux semblent libérés de cette cassure, de cette cicatrice qui lui faisaient le regard si triste, si désespéré. Elle porte un tee-shirt et une minijupe en jean qui l'avantagent. Elle est là pour un dernier entretien avec son psy, dans un petit salon fleuri aux murs couverts de dessins d'enfants.

– Tu as traversé des périodes difficiles. Comment tu te sens, maintenant ? demande le médecin.

– Je me trouve délivrée. J'évolue bien, dit Isabelle avec un sourire que personne ne lui connaissait jusqu'à présent.

Elle ajoute, en rejetant avec grâce une mèche de ses longs cheveux blonds :

– Je pense que je peux aller vers les autres.

Le médecin sourit de satisfaction.

– Je crois, dit-il, que tu viens de faire le discours le plus long de ta vie.

Isabelle rit :

– Il était temps : à quinze ans ! Je ne savais pas parler, en fait.

Isabelle, durant ces derniers mois, par sa gentillesse, sa tendresse, a réussi à solliciter l'attention de tous dans le service. Infirmiers, surveillants, femmes de ménage, psychothérapeutes se sont considérablement attachés à elle.

Peu à peu, parce que très entourée, elle a retrouvé les mots, l'envie de faire, de partager. Elle s'est montrée extrêmement active dans les différents ateliers, notamment dans ceux de peinture et de poterie. Elle a bien personnalisé sa chambre. Sur une petite étagère, elle a disposé des fleurs séchées dans des pots de confiture qu'elle a repeints de toutes les couleurs. Sur les murs, elle a affiché des posters de ses vedettes préférées : les Rolling Stones, Yves Simon, Madona. Une lampe, sur un petit bureau, éclaire faiblement la pièce. Elle a réalisé elle-même l'abat-jour, à l'atelier d'ergothérapie. Sa sœur aînée lui a rendu visite fréquemment. Elle a reçu ses parents tous les dimanches.

A la suite de plusieurs discussions, et compte tenu de

ses réelles aptitudes artistiques, le médecin-chef, en accord avec les responsables du service social de l'hôpital, a convaincu le père et la mère d'Isabelle d'accepter qu'elle entre dans un atelier de céramique, près de Limoges.

Aujourd'hui, Isabelle a seize ans. Elle vit dans un foyer avec des jeunes de son âge. Elle veut s'inscrire aux Beaux-Arts. Elle a décidé qu'elle serait céramiste...

Éric

– Silence ! Descendez en silence... Je ne le répéterai plus !

La voix de Zonzon le surveillant résonne dans la grande cage d'escalier aux marches cirées méthodiquement, tous les samedis, par les collés.

La gigantesque fenêtre laisse passer, comme à regret, la lumière jaune du matin qui s'étale pauvrement sur les murs à la peinture délavée. Les lampes blanches de l'étage sont encore allumées. Instinctivement, les élèves resserrent les rangs. Leurs ombres se déploient sur les murs, comme des pantins filiformes.

Éric, treize ans, laisse glisser sa main sur la rampe torsadée, lustrée par le temps et polie par des centaines, des milliers d'autres mains, celles des enfants qui sont passés par cet internat depuis plus de deux siècles. L'établissement est un des plus anciens du sud de la France ; il est réputé, au-delà de la région bordelaise, pour sa rigueur et son efficacité.

Ici, on ne redouble pas ; les notes en dessous de la moyenne n'existent quasiment pas. Il n'y a pourtant aucune complaisance de la part des professeurs : seules, les dix heures quotidiennes d'études et de cours permettent aux élèves des résultats spectaculaires.

Éric est un adolescent discret, extraordinairement blond, avec une grande mèche de cheveux lui dévorant le front.

– Il faudra me couper ça ! a fait remarquer immédiatement le surveillant général.

Éric n'est pas très grand, mais il est bien proportionné, et il est habile en sport ; il était, jusqu'à présent, un vrai champion de skate-board.

Le groupe des quatrièmes glisse en silence dans le long couloir souterrain – véritable tunnel – qui permet de rejoindre le réfectoire sans passer par l'extérieur. Les terminales l'appellent la ligne Maginot. Les néons blancs agressent les yeux encore pleins de sommeil.

– La première fois, il fout la trouille, ce couloir, commente David.

Éric l'entend à peine. C'est vrai que ce tunnel est oppressant. Chaque fois qu'il l'emprunte, l'adolescent se rappelle son arrivée à la pension. Ce fut un vrai choc. Heureusement le premier jour, David, un ancien, est venu vers lui très naturellement.

– T'inquiète pas, ça fait toujours ça, mais c'est pas une prison. Moi, j'avais huit ans quand je suis arrivé... Je m'appelle David ; mon lit est à côté du tien. Et toi, c'est comment ton prénom ?

– Éric.

David est un garçon vif, légèrement plus petit qu'Éric. Ses cheveux noirs sont coupés très court et dessinent une marque blanche autour des oreilles et de sa nuque. Il se défait rarement d'un gant de base-ball et d'une balle qu'il fait sans cesse sautiller dans sa main.

– Pourquoi t'es venu ici ? demande-t-il.

– Ça marchait plus. J'ai redoublé ma cinquième.

– Moi, mes vieux, ils ont pas le temps de s'occuper de moi, explique David. Priorité au commerce... Bar-tabac P.M.U., Loto, bilto-boulot-dodo... L'enfer quoi !

Éric étale ses affaires sur son lit, avant de les ranger dans le placard métallique qui jouxte celui de son copain.

– Attends, je vais t'aider, propose David. Il faut tout plier soigneusement, sinon ça ne rentre pas dans le placard. Ils sont trop petits.

– C'est quoi le plus dur, ici ? demande Éric en se dressant sur la pointe des pieds, pour déposer sa valise sur le haut du meuble.

David hésite un instant avant de répondre. Il fait rebondir sa balle plusieurs fois dans son gant de base-ball.

– La discipline! surtout quand t'es môme. Remarque, les surveillants, ils gueulent, mais ça ne va pas très loin...

David pose son pied à même la couverture du lit et refait un des lacets d'une de ses chaussures de tennis, maculée de crayon feutre. Il ajoute, sans lever la tête :

– Et puis, il faut bosser, ici, et vachement. Tu as pas le temps de glander...

Éric s'interrompt soudain de ranger ses vêtements et renifle plusieurs fois, par petits coups...

– C'est quoi, cette odeur?

– C'est l'odeur de l'histoire, répond David avec un drôle de petit sourire.

– Qu'est-ce que tu veux dire? interroge Éric.

– Oui, quoi, l'histoire de la pension... Ça pue la poussière, le vermoulu, le désinfectant, la pisse...

David reprend son souffle. Éric le regarde, médusé.

– L'haleine fétide, les pieds! On s'habitue, tu verras...

Éric fait une petite moue de dégoût.

– Je croyais que c'était plus moderne. Mes parents m'avaient dit que tout avait été retapé.

Il jette un coup d'œil alentour. Son regard se porte sur les grandes poutres verticales qui partagent le dortoir en deux parties égales et sur la trentaine de lits, d'aspect militaire, alignés de chaque côté. Ils sont recouverts de dessus-de-lit uniformes, vert clair, qui donnent, sinon de la joie au lieu, en tout cas plus de couleur.

– Même si c'était un trois étoiles, et si j'avais le choix, je préfère te dire que j'aimerais mieux être chez moi, avoue David, un accent de tristesse dans la voix.

Il se reprend aussitôt et ajoute :

– T'as vu ma ceinture? C'est une vraie! Une vraie ceinture de cow-boy. La boucle, c'est une tête de bison. Je l'ai échangée l'année dernière avec un mec qui venait du Texas. Son père était diplomate. Y font quoi, tes parents à toi?

– Pharmaciens, répond Éric.

– C'est pas rigolo, fait remarquer David.

Il fouille soudain sous le matelas de son lit et en ressort un gant de toilette, d'où il extrait une plaque de chocolat.

– Tu vois, tu mouilles légèrement le gant et tu fous ta plaque dedans, comme ça, il ne fond pas. T'en veux un carré?

Éric fait non de la tête. Depuis quelques secondes, il fixe un bout de carrelage ébréché. Il pense à sa famille; il se dit qu'il aurait pu ne pas être ici, si vraiment il avait insisté auprès de ses parents. Mais il a voulu se montrer raisonnable. Et, surtout, n'a pas voulu décevoir son père.

– C'est pour ton bien, a dit ce dernier. C'est pas une punition, la pension. C'est pour te remettre à l'heure par rapport à ta scolarité.

David, la bouche pleine de chocolat, vient s'asseoir près de son copain et passe son bras sur son épaule.

– T'en fais pas... Toi, t'es grand, pense aux petits de six ans qui sont ici. A cet âge-là, le bisou du soir des parents, c'est sûr que ça manque. Nous, faut pas qu'on se plaigne.

Malgré ses treize ans, il faut pourtant, le premier soir, qu'Éric enfouisse profondément sa tête dans l'oreiller pour étouffer ses larmes qu'il ne parvient pas à contenir. David entend bien ses soupirs, ses sanglots; il se glisse doucement jusqu'au bord du lit de son copain et murmure :

– Moi aussi, j'ai chialé le premier soir.

Accompagnés par Zonzon le surveillant, les sixièmes et les cinquièmes s'installent bruyamment dans le réfectoire. Éric discute avec David.

– Silence! le nouveau, hurle Zonzon.

– Grande gueule, Zonzon; mais pas bien méchant, explique David.

– Pourquoi vous l'appelez Zonzon? interroge Éric.

– On l'a surnommé comme ça parce que c'est le roi des liaisons maladroites. Tu verras, plusieurs fois par jour, il lance des « zon qu'à se taire », « zon qu'à travailler mieux », « zon qu'à faire attention »...

Le cheveux ras, les yeux rouges, le teint gris, Zonzon s'habille régulièrement d'une veste de tweed élimée et d'un pantalon de velours fatigué.

Il passe de très mauvaises nuits – au dire des élèves – dans sa cabine, à l'autre extrémité du grand dortoir. Il veille très tard pour décrocher la maîtrise de biologie qu'il a déjà passée, et ratée, l'année dernière.

Il est 7 h 30. Les élèves sont une dizaine par table. Un

broc de lait et un de café sont sous la responsabilité d'un chef de tablée.

Éric et son groupe prennent place du côté de la grande baie qui donne sur le parc. L'adolescent jette un coup d'œil vers les arbres centenaires qui ceinturent le plan d'eau, couvert encore d'un voile de brume bleutée. Près de l'ancien moulin, une nuée de pigeons s'envole en direction des terrains de sport. Cette fin de mois de septembre s'annonce douce et belle dans la nature alentour. Un rayon de soleil, frémissant sur un carreau encore couvert de rosée, vient se poser sur l'avant-bras du jeune garçon. Éric est immédiatement sensible à cet agréable picotement. Cependant, l'odeur âcre du lait l'incommode légèrement. Il se lève et tente d'entrouvrir un des battants de la porte-fenêtre.

– On ne se lève pas sans permission, ici, monsieur. Et on n'ouvre pas sans autorisation!

La voix du surveillant vient de claquer dans le réfectoire et provoque, dans le même temps, un grand silence. C'est Barbier qui vient de parler. « Une vraie peau de vache », d'après David.

Il vient de remplacer Zonzon dans la prise en charge des élèves...

– Venez ici, monsieur! ordonne Barbier.

Il se tient à l'autre extrémité de la pièce, debout devant la table où est dressé son petit déjeuner. Sa serviette est déjà soigneusement repliée dans son anneau en bois sculpté.

Éric se dirige lentement vers le surveillant. Tous les regards le suivent dans le silence. La stature de Barbier impressionne : cheveux en brosse, barbe courte, toujours en survêtement, il parle généralement très vite, sans prendre le temps d'articuler.

– Mangez en silence et proprement, glapit le surveillant au moment où Éric arrive près de lui.

– Vous vous appelez comment? ajoute-t-il.

Éric décline, à voix basse, son identité, indique sa classe et le nom de son surveillant. Dans la précipitation, il donne, en fait, le surnom de son responsable. Barbier réagit vivement.

– Je ne connais pas de Zonzon, ici, monsieur!

A l'énoncé du nom, tous les enfants éclatent de rire et

c'est le signal d'un grand chahut. Ils se mettent à taper sur leur bol avec leur cuillère, puis grimpent sur les bancs en scandant :

– Zonzon! Zonzon! Zonzon!

Barbier, rouge de colère, va de l'un à l'autre, menace, donne çà et là une tape, une bourrade. Il parvient enfin à rétablir le calme et entraîne Éric dans le couloir.

– Vous êtes nouveau et déjà vous provoquez un chahut? Attendez-vous à être convoqué chez le directeur... Rejoignez votre classe.

– Je n'ai pas déjeuné, m'sieur, parvient à peine à murmurer le jeune garçon, encore sous l'effet de la surprise.

– Vous mangerez mieux à midi. Allez, circulez, je ne veux plus vous voir!

En classe, David est installé juste derrière son ami Éric. De 8 à 9 heures, Éric a suivi avec une grande attention le cours de mathématiques. Mais depuis un bon moment, il supporte mal la faim qui lui creuse l'estomac, d'autant qu'il n'a pas beaucoup mangé ces derniers jours. Jusqu'à présent, il disait qu'il n'avait pas beaucoup d'appétit. En réalité, il se force à ne pas s'alimenter, espérant ainsi tomber malade et retourner chez lui.

Une fois de plus, il jette un coup d'œil du côté du parc. Maintenant, il en est sûr... C'est bien le même petit merle qui se pose sur le portique du terrain de basket, tous les jours à la même heure. Son chant plein de vivacité, entrecoupé de petits cris d'excitation, résonne en échos sur les hauts murs gris de l'internat.

– Tu rêves, Éric? demande soudain le professeur de français. Nous en étions où?

Le jeune garçon se racle la gorge, regarde, penaud, autour de lui et ferme les yeux. Tout s'embrouille dans sa tête.

– Conjonction de coordination, souffle David, désespérément, conjonction de coordination!

– David! dehors! Chez Barbier, hurle le professeur.

– Mais, monsieur... proteste mollement l'adolescent.

– Éric, tu l'accompagnes, ça te réveillera!

Au moment où il se lève, Éric est pris d'un étourdissement. David le rattrape avant qu'il ne s'affaisse.

– Voyez, m'sieur : il est malade! Il faut l'amener à l'infirmerie... Barbier l'a empêché de manger, ce matin.

– Qu'est-ce que tu me chantes là! dit le professeur, embarrassé.

Tous les élèves se sont regroupés autour du bureau d'Éric. Le professeur mobilise David et un autre garçon pour accompagner le malade à l'infirmerie.

– Bravo, mon pote, tu as bien réussi ton coup! murmure David dans le couloir.

Un chocolat chaud et deux grosses tartines de confiture ont eu raison de la faiblesse d'Éric. A présent, il est dans le bureau du directeur de l'internat. D'une rigueur de presbytère, le lieu est sévère, malgré les marqueteries qui lui donnent un peu de chaleur. De lourds rideaux de velours rouge occultent à moitié la fenêtre qui donne sur le parc. Au-dessus du fauteuil du directeur, un christ en noyer accroche le regard.

– Nous avons prévenu vos parents. Ils seront là en début d'après-midi. Le médecin a considéré que vous manquiez de vitamines, et votre tension n'est pas assez forte. Huit jours à la maison devraient vous rétablir.

Le directeur se tient devant son bureau, raide comme un piquet, figé dans son costume strict. Il parle d'une façon pondérée et se veut compréhensif.

– Certes, monsieur Barbier ne pouvait savoir votre état général d'affaiblissement. Monsieur Barbier est un bon éducateur. Vous devez vous adapter à notre maison. Vous avez vous-même choisi d'y poursuivre vos études.

Une fois de plus Éric tente de jeter un coup d'œil du côté du parc.

– Vous m'écoutez, n'est-ce pas?

– Oui, monsieur.

– Je comprends vos difficultés. Vous avez un problème particulier d'adaptation? interroge une dernière fois le directeur.

– Non, monsieur.

« Je n'ai pas envie de te répondre, pense Éric. Je n'ai pas envie de te parler. Je ne veux pas vivre ici. Je ne veux plus revenir. De toute façon, j'ai décidé de me taire. J'attends que le temps passe. Dans une heure, je serai loin. »

– Alors, je compte sur vous, reprend le directeur. Vous vous refaites une santé, et vous nous revenez dans de meilleures dispositions.

Le déjeuner dominical est immuable dans la famille d'Éric. A 11 h 45, le père offre l'habituel bouquet de fleurs, un panaché de dahlias et d'iris, à sa femme.

L'apéritif est servi près du piano à queue, entre le salon et la salle à manger.

– Un doigt de porto, jamais plus, précise la maîtresse de maison en posant son index à plat sur le verre de cristal pour indiquer la juste mesure.

C'est une femme d'une trentaine d'années, d'allure réservée, un peu pincée. Le papa est un homme qui a également du maintien. Cheveux courts, pull anglais, foulard de soie discret, il est extrêmement attentif aux choses de la maison et à l'éducation de ses enfants. Éric a également un petit frère de huit ans, Adrien, et une sœur de seize ans, Julie. Les trois enfants s'entendent plutôt bien : il n'y a pas de friction à la maison. Seul, le décrochage scolaire d'Éric a posé un problème. Il reste aujourd'hui encore inexpliqué. Dans la famille, on a évoqué la surcharge des classes, le niveau trop bas, dû, pour la maman d'Éric, à la mixité ethnique. Il n'y avait donc pas d'autre solution que la pension.

A la maison, Éric se rétablit vite.

– Il a dévoré pendant trois jours, fera remarquer sa mère. Il était affamé comme un petit loup.

Le père s'est longuement entretenu avec le directeur de l'établissement. Il a posé avec courtoisie quelques questions sur la qualité et l'équilibre des repas. Le responsable de la pension lui a garanti qu'il ne se passe pas une semaine sans qu'il fasse l'inspection des cuisines et qu'il est très à cheval sur la nourriture, la variété des menus.

– Alors, qu'est-ce qui ne va pas, là-bas? demande-t-il gentiment à son fils.

– Je n'ai pas faim, en pension. Je ne sais pas pourquoi, murmure Éric.

– Il y a forcément une raison, Éric?

Assis sur le bord du lit de son fils, il attend la fin de la soirée pour l'interroger. Éric, allongé, regarde le mobile, construit avec des bouts d'allumettes, suspendu au plafond et qui se balance au moindre mouvement d'air.

– Je te parle, Éric!

– J'ai pas faim, c'est tout. C'est pas bon, là-bas.

– Tu ne te plais pas dans cet établissement?

Éric ne répond pas. Pourtant, il voudrait crier : « Non! je ne m'y plais pas! Non, je ne veux plus y retourner. Tout est triste dans cet internat! les couloirs; les dortoirs; le réfectoire; les surveillants, ces aboyeurs; le directeur, son hypocrisie, ses discours d'un autre temps. Je les déteste. Je les déteste tous! Ça sent mauvais, ça pue la transpiration, l'haleine, les pieds, le désinfectant... » En repensant au discours de David, Éric sourit.

– Ça te fait sourire? s'étonne son père.

– Je pense à un copain, répond Éric.

– Si tu ris, c'est que ce n'est pas tragique d'être là-bas, alors. On en reparlera demain.

Éric apprécie bien ces quatre premiers jours à la maison. Il propose à sa mère de ramasser, dans le jardin, les feuilles de l'été, brûlées par le soleil. Il nettoie même la vigne vierge et le lierre de la façade en meulière de leur grande maison bourgeoise, qui jouxte celle de son amie Delphine.

Delphine, Éric la guette pendant deux jours. Enfin, quand il l'aperçoit sur la terrasse, il grimpe sur l'échelle et ils discutent par-dessus le mur qui sépare les deux propriétés.

– Tu ne peux pas savoir... c'est le Moyen Âge, là-bas, explique le jeune garçon.

– T'exagères. On est en 1990, quand même... fait remarquer Delphine.

– Rien n'a changé en deux cents ans, je te dis! La discipline est stricte. Pas le droit de parler dans les couloirs. Douze heures de boulot par jour. Tu te lèves à 6 heures. Petit déjeuner, étude jusqu'à 8 heures, cours jusqu'à midi...

– C'est le bagne, ton truc, lance Delphine, incrédule.

– Attends, c'est pas tout! Après la cantine, une demi-heure de récré, puis cours à nouveau et étude jusqu'à 7 h 30. Après le repas du soir, révision jusqu'à 9 heures. Et on monte se coucher.

Éric, en équilibre instable sur l'échelle, grimpe trois barreaux en plus et s'installe à califourchon sur le mur. Il reprend la narration de son quotidien à l'internat et déverse tout ce qu'il a sur le cœur. Il dit à Delphine tout ce qu'il n'a pas osé raconter à son père.

– Mon dortoir est immense et triste, tu ne peux pas imaginer. Ça ronfle, ça sent fort, ça cocotte.

Delphine ne peut s'empêcher de pouffer.

– Tu te marres, mais c'est pas rigolo, je te le dis, moi. Ça te fout la déprime.

– Et les profs? demande Delphine.

– Bourreaux de travail et les surveillants, bourreaux d'enfants! Ils sont incapables de parler sans gueuler.

Éric marque un instant de silence et ajoute soudain, très grave :

– J'en ai marre, tu ne peux pas savoir...

– Tu l'as dit à tes parents? interroge Delphine.

– Non! Ils ne peuvent pas comprendre.

– Et tu y retournes quand dans ton club Méd'?

– Je veux pas y retourner!

Le visage crispé, Éric vient de répondre d'une voix atone.

– Qu'est-ce que tu vas faire, alors?

– J'ai mon idée...

Invariablement, la charlotte au chocolat clôt le repas du dimanche midi. Cela tombe bien, c'est justement le dessert préféré d'Éric. Le père distribue les compliments habituels à la maîtresse de maison.

Le petit Adrien demande l'autorisation de quitter la table. Déjà, il court dans le jardin. La porte-fenêtre du salon est grande ouverte. Les odeurs d'humus annoncent l'arrivée de l'automne. Depuis un moment, Éric observe, sur le fil électrique, de l'autre côté de la rue, le grand rassemblement d'hirondelles sur le point de s'envoler pour les climats plus chauds. L'une d'elles, au ventre très blanc, va d'un groupe à l'autre, comme si elle donnait les derniers ordres, les dernières recommandations, se dit l'adolescent.

Éric fait un geste de la main – comme un signe d'adieu – qui passe inaperçu autour de la table.

– Ça sent bon dehors, dit-il, comme pour revenir auprès de sa famille.

Personne ne semble prêter attention à sa remarque.

Dehors, en effet, la végétation exhale des parfums suaves qui envahissent la grande pièce. Cette douceur contribue à tempérer la conversation engagée subrepticement sur l'internat.

Le père d'Éric évite d'interroger directement son fils et c'est à Julie qu'il pose la première question.

– Tu aurais accepté, toi, la pension ?

Surprise, Julie reste la cuillère en l'air, à quelques centimètres de sa bouche entrouverte. Un petit morceau de charlotte au chocolat retombe dans son assiette. Elle repose la cuillère.

– J'avais pas besoin, moi ! répond-elle sèchement.

Son père hoche la tête. Éric fixe un point dans le vide. Julie, pour ses seize ans, semble avoir une grande maturité ; on lui donne facilement deux ans de plus. On la sent déterminée, sûre d'elle, intelligente, ferme. Elle ne se laisse pas impressionner facilement. D'un gracieux mouvement de tête, elle remet en place une mèche de ses cheveux auburn, qui lui couvrent souvent la moitié du visage. Elle plisse légèrement ses yeux un peu orientaux et ajoute :

– Si j'avais mal travaillé, j'aurais préféré prendre des cours de rattrapage...

– Moi aussi, j'aurais préféré ! lance Éric, sortant tout d'un coup de son indolence.

Son père découpe méticuleusement une nouvelle part de gâteau qu'il glisse aussitôt dans l'assiette de son fils.

– Mange doucement, fait remarquer sa mère. Tu vas te remplir l'estomac d'air. Je suppose que vous ne mangez pas comme des cochons au collège ?

Éric fronce les sourcils, avale une bouchée de son gâteau avec difficulté. Il aimerait parler d'autre chose, mais son père relance la discussion avec une précaution non feinte.

– Tu sais bien, Éric, que les cours de rattrapage n'auraient pas été suffisants... Tu manques trop de courage.

Éric prend soudain un air repenti. Ses joues s'empourprent légèrement. Cette fois, on est dans le vif du sujet. Sous la table, il se gratte nerveusement la cuisse et attend, résigné, l'estocade. Elle est portée, inattendue, par sa sœur.

– Je pense que la pension, c'est bien! Ça forme le tempérament. C'est comme le service militaire.

Éric tousse, manque de s'étrangler. Sa mère lui tape dans le dos.

– Tu vois... qu'est-ce que je t'avais dit! Tu manges trop vite.

– C'est pas pour ça, bafouille le jeune garçon.

Il pousse rageusement son assiette, renverse un verre de cristal, plante ses yeux dans ceux de sa sœur et lance, sans plus pouvoir retenir sa colère :

– T'as qu'à y aller, tu verras comme c'est bien! Moi, je ne veux plus y foutre les pieds, dans votre pension!

Cette fois, le père d'Éric se défait de sa réserve habituelle. Il se lève, tente une dernière fois de se contenir en agrippant des deux mains le bord de la table, puis lance :

– En voilà une façon de parler, Éric!

Il vient de crier. Il semble lui-même surpris par son attitude. Il cherche des yeux le soutien de son épouse, muette, rouge de confusion, sanglée dans son tailleur du dimanche.

– Je t'en conjure, Henri, implore-t-elle.

Le père d'Éric reprend sa place, s'essuie la bouche comme pour se donner le temps de retrouver une contenance et ajoute, d'une voix blanche :

– Mon garçon, tu finiras ton année scolaire en pension. On jugera ensuite!

A son tour, Éric se lève d'un bond et sort précipitamment de la pièce. Son père, pris de court, se relève, fait tomber sa chaise dans le mouvement et lance, sans grande conviction, un pathétique :

– Éric! je t'interdis!

Julie, à son tour, tente d'apaiser la situation.

– Laisse, papa; il se punit lui-même, dit-elle.

Il est parti s'enfermer dans sa chambre.

Éric ne sort pas de toute la journée. Pour occuper le temps, ou peut-être parce qu'il veut indiquer que, désormais, sa place n'est plus dans cette maison, il décroche un à un les posters qui tapissent sa chambre. Il commence par plier méticuleusement celui de Renaud, puis celui de Patrick Bruel et, avec frénésie, il arrache ceux de Maradona, de Leconte, de Patricia Kaas et de Vanessa Paradis.

En fin de soirée, il se décide à redescendre. Il retrouve

Julie dans la cuisine, occupée à faire une tarte. Elle lui suggère d'aller s'excuser auprès de leur père.

Éric frappe doucement à la porte du bureau. Il n'y a pas d'explication orageuse. Éric promet de ne plus faire d'histoire et demande simplement :

– Qui me ramène, demain ? Toi ou maman ?

– C'est ta mère. J'ai un rendez-vous important en ville, très tôt.

Le père pose un baiser sur le front de son fils et l'invite à préparer ses affaires pour l'internat.

Il est plus de minuit. Éric n'a pas fermé les volets de sa chambre. Allongé, en pyjama, il regarde vers la fenêtre. La nuit est claire, pleine de frôlements, et le vent ramène sporadiquement des bruits de la ville. Un train, puis une moto, froissent le silence préservé par les arbres qui entourent la propriété. Des écharpes de nuages blancs s'entremêlent dans le ciel saturé d'étoiles qui menacent de s'éteindre à tout moment. Éric se lève, enfile ses chaussons, saisit sur la table de nuit une lampe de poche, ouvre la porte et se dirige vers la salle de bains.

Tout dort dans la maison. Il sursaute quand la pendule de la salle à manger sonne la demie. Éric éteint sa lampe et se déplace à tâtons. Il fouille maintenant dans l'armoire à pharmacie. Elle est évidemment bien fournie. Pour avoir suivi de nombreuses conversations et pour avoir reçu le maximum d'informations, Éric sait bien ce qu'il faut prendre pour dormir... Il sait aussi ce qu'il faut avaler pour passer de l'autre côté.

Son cœur bat très vite. Il résonne très fort, trop fort, dans sa cage thoracique. Ses mains tremblent. Sa bouche est sèche, sa langue lourde. Ses yeux sont voilés par des larmes qu'il tente de retenir. Il n'entend plus que ce battement de cœur qui s'amplifie de plus en plus. Tout en lui est sous une terrible tension. Il murmure dans la pénombre :

– Il le faut, il le faut !

Ses doigts cherchent fiévreusement. Il saisit un tube de comprimés, rallume sa lampe, le repose, éteint à nouveau et dévisse le capuchon d'un petit flacon en verre, répétant encore, comme s'il cherchait à s'encourager :

– Il le faut, il le faut. Je dois y arriver.

Il renverse dans sa main le contenu du flacon, saisit un verre à dents et fait couler un léger filet d'eau dans le lavabo. Soudain, la lumière violente du néon inonde la pièce comme un éclair blanc. Éric sursaute.

– Qu'est-ce que tu fais là! hurle son père.

Éric a lâché instinctivement les cachets qu'il tenait au creux de sa main. Ils disparaissent dans le lavabo, sous la pression de l'eau qui s'écoule.

– Je n'arrive pas à dormir, bredouille Éric. Je cherchais un petit truc sans danger.

– Je t'interdis, tu m'entends! Je t'interdis de prendre quoi que ce soit dans cette pharmacie!

Il tire fermement Éric par le bras pour l'extraire de la salle de bains et fouille brutalement dans les poches de son pyjama. L'homme est blême, des gouttes de transpiration perlent aux commissures de ses lèvres. Il est visiblement remué par la situation.

Julie et sa mère, alertées par les cris, sont sur le pas de la porte. Elles regardent Éric, sans bien comprendre. Il regagne sa chambre en silence.

Les essuie-glaces balaient le pare-brise de la B.M.W. Le ronronnement du moteur invite d'autant plus à l'assoupissement qu'il est à peine 7 heures. La pluie semble vouloir prolonger la nuit.

Compte tenu des derniers événements, le père d'Éric a préféré raccompagner lui-même son fils à l'internat.

Les phares tracent de longs sillons blancs sur cette petite route de campagne bordée de vignes moutonneuses.

– Tu as encore sommeil?

– Un peu, oui, répond Éric, la bouche pâteuse.

– Tu es bien sûr, Éric, que tu n'as rien pris cette nuit?

– Je t'assure, papa, je n'ai rien pris.

Éric remonte le col de son blouson. Il fuit le regard de son père qui tente de surprendre quelque chose, un signe, une indication qui témoigneraient de son désarroi. Ses mains sont crispées sur le volant. Il n'ose pas interroger son fils.

Ils sont maintenant à une dizaine de kilomètres de la pension. Il allume une cigarette et lance précipitamment, comme pour en finir après un trop long silence :

– Je crois que tu ne me dis pas tout, Éric... Qu'est-ce qui ne va pas à l'internat?

Mais, Éric, refermé sur lui même, ne répond pas. Au loin apparaît la silhouette lourde, épaisse, de l'institution plongée à demi dans la brume et piquée de taches de couleur échappées des toits et du clocher de la chapelle.

– Je ne m'y plais pas, c'est tout, murmure Éric. J'aime pas l'ambiance. C'est vieux, laid, autoritaire.

– Je te propose de laisser passer le premier trimestre, et on jugera après.

Le père d'Éric vient de parler sur un ton qu'il veut particulièrement affectueux. Il ajoute :

– On jugera en fonction de tes résultats. T'es d'accord?

La voiture vient de passer sous l'arche grise de l'entrée de l'internat. Les lampadaires alentour diffusent une lumière jaunâtre qui perce difficilement le léger brouillard montant à mi-hauteur des murs fortifiés. Éric n'a pas répondu à son père.

– Gloire à toi, Seigneur...

Le prêtre achève la dernière homélie du mercredi soir, dans la petite chapelle de l'internat.

Éric, au milieu des élèves de sa classe, tête baissée, perdu dans ses pensées, donne l'illusion du recueillement. Il songe à toutes ces dernières semaines passées. Il pense à tous ces efforts qu'il a déployés pour se maintenir, à grand-peine, au-dessus de la moyenne.

Les traits de son visage sont fatigués. Il est pâle, de grands cernes violets lui dévorent les yeux. Son ami David est à ses côtés. De toute évidence, lui non plus n'a que faire de la cérémonie religieuse. Il se penche à l'oreille d'Éric et chuchote :

– T'as vachement cravaché. T'en fais pas, ça marchera...

– J'espère, murmure Éric.

– Ils vont le voir, tes vieux, que tu as bossé!

A droite de l'autel, Zonzon claque des doigts en direction des deux élèves pour leur indiquer qu'ils sont repérés, sort un calepin et note leurs noms.

– Ça y est, carton rouge! soupire David.

– Merde! C'est pas le moment, s'inquiète Éric.

Il baisse la tête à nouveau et se concentre autant qu'il le peut. Éric espère ainsi faire croire à Zonzon qu'il manifeste réellement la volonté de se repentir. En cette fin de trimestre, il espère de tout son cœur retrouver un lycée normal, près de chez lui. Il veut oublier toutes ces journées à la pension, toutes ces nuits au cours desquelles il s'est si souvent réveillé en nage, haletant, si fragile, si enfant. Il veut oublier les murs gris, oublier les aboyeurs, oublier les heures d'études interminables, oublier les petits matins âcres et froids, oublier les odeurs si prenantes de l'internat.

Le surveillant accepte de passer l'éponge. C'est son cadeau de Noël.

– T'es chouette, Zonzon, lance David au moment de remonter dans les dortoirs.

– Ne m'appelle pas Zonzon, réplique le surveillant.

– N'empêche, t'es chouette, reprend David.

Éric enfile son pyjama. Son copain croque un dernier morceau de chocolat, tout en jouant avec son gant et sa balle de base-ball.

– Allez, plus que quelques jours... Les vacances pour moi et la liberté pour toi, Éric. Veinard!

Les deux adolescents se glissent presque simultanément dans leurs lits.

– On ferme! lance Zonzon, à l'autre extrémité du dortoir.

La lumière s'éteint. Seule, une veilleuse continue de brûler dans la cabine du surveillant. 9 heures sonnent au clocher de la pension. Le vent s'est levé et glisse en sifflant sur les tuiles du bâtiment. Depuis un moment, tout est silencieux dans l'internat.

– Éric, tu dors? chuchote David.

– Oui, je dors.

– Je voudrais te dire...

David hésite à poursuivre.

– Quoi, qu'est-ce que tu veux me dire?

– Je vais te regretter.

– Toi aussi, tu vas me manquer.

– Bonne nuit, vieux.

– Tchao!

Éric ferme les yeux. Il ne s'endort pas tout de suite. Il écoute dans le noir les bruits de la nuit, particuliers à la pension. C'est d'abord un gémissement à deux, trois lits plus loin, puis un froissement coléreux de draps, un gargouillis de tuyauterie, quelques paroles incompréhensibles d'un petit qui rêve ou d'un plus grand, qui appelle sa mère... Enfin, Éric s'enferme dans le sommeil.

A quarante-huit heures des vacances, les parents d'Éric sont convoqués par le directeur de l'établissement. La discussion dure longtemps. Trop longtemps, pense Éric. Il ne sait pas ce qui se dit précisément. Il attend dans le grand couloir d'honneur, celui qui, le jour de l'inscription impressionne tant les parents avec ses boiseries.

La porte s'ouvre enfin. A la mine de sa mère, au regard de son père, Éric comprend immédiatement.

– Je suppose que ce n'est pas utile que je ramène toutes mes affaires, dit-il.

– Il faut essayer encore un trimestre, répond son père d'une drôle de voix.

Sa mère pose sa main gantée sur l'épaule d'Éric et l'embrasse maladroitement.

– Mais n'y pense pas, dit-elle d'un air faussement détaché. On vient te chercher demain et nous partons quinze jours au ski. Tu es content ?

Éric ne partira jamais au ski. Quelques heures avant de quitter l'internat, il glisse son cartable bourré de livres sur son dos et il monte jusqu'au dernier étage du grand bâtiment. Il enjambe la large rampe torsadée, lustrée par le temps, et il se précipite dans le vide. Il s'écrase trois étages plus bas, dans la grande cage d'escalier aux marches cirées si méthodiquement par les collés du samedi après-midi...

Anne

Les poignets attachés de part et d'autre de la chaise, le torse nu maintenu fermement par les mains massives de l'infirmier, Anne, bien qu'à demi inconsciente, voudrait se libérer de cette longue canule de caoutchouc qui lui blesse la gorge, lui irrite l'œsophage.

Le médecin, en blouse blanche, debout tout à côté, verse à nouveau un demi-broc d'eau dans le flacon, à l'autre extrémité de la canule qu'il tient tendue, à bout de bras. Le liquide froid surgit comme un torrent à l'intérieur de l'estomac et provoque immédiatement, chez Anne, un spasme terrible, brûlant, nauséeux.

Comme propulsée de sa chaise, mais retenue in extremis par les sangles qui se tendent, Anne vomit dans la grande bassine de métal, en forme de tub, posée à ses pieds et sur le large tablier en plastique qui lui enserre le bas du corps. Son visage est de marbre, cadavérique. Ses cheveux et ses tempes ruissellent de transpiration. Ses yeux sont mi-clos, ses lèvres tremblent.

– Crache ! crache ! hurle le médecin.

L'infirmier la redresse vivement en la saisissant de toute sa force par les épaules, sur lesquelles il laisse l'empreinte violette de ses gros doigts.

Le médecin remet en place l'embout de la canule dans la bouche de la jeune fille.

– Aide ! Tu aides ! glapit l'infirmier.

Anne n'a pas envie d'aider à évacuer ce demi-tube de comprimés qu'elle a avalé deux heures plus tôt. Et puis, les lavages d'estomac l'ont tellement endurcie ! C'est le troisième en deux ans. Celui-ci est à inscrire au compte de sa troisième tentative de suicide.

Aujourd'hui, à seize ans, elle indique une fois de plus qu'elle ne veut plus vivre.

Elle vient de fermer les yeux. Elle se laisse doucement emporter par cette grande lassitude qui s'installe progressivement, insidieusement, dans tout son corps. C'est si doux, à présent, dans sa tête. Les choses sont tellement diaphanes.

Deux claquements secs, qui résonnent terriblement dans la pièce aux murs couverts de carrelage blanc. Anne a tout juste senti, sur ses joues, le picotement de ces deux gifles que vient de lui donner le médecin.

– Ne dors pas! ne dors pas! répète-t-il, le visage congestionné.

Cela fait maintenant plus d'une heure qu'il lutte pour éviter qu'Anne ne sombre dans le coma.

Il fait si chaud maintenant dans son corps. Tout est tellement opaque, vaporeux, lourd, si lourd et si lointain...

– Anne, vous avez retrouvé l'insigne de votre béret?

– Oui, maman, sous mon lit.

– Votre chambre est toujours en désordre, ma fille.

– J'ai tout rangé, maman, vous pouvez venir vérifier.

Devant la grande glace de l'armoire normande, qui lui faisait si peur quand elle était enfant, Anne remet en place son foulard – jaune, bordé d'un liséré noir – qu'elle dispose en un demi-triangle sur le haut de ses épaules. Sa jupe plissée bleu marine, sa chemisette bleu ciel constellée d'écussons sont impeccables. Elle porte également des chaussettes blanches, rabattues avec application sur des mocassins noirs, parfaitement lustrés. Anne est guide. Elle fait partie des scouts d'Europe. Le rassemblement, aujourd'hui, a lieu au parc Monceau, à Paris, juste en face de l'appartement que la famille de C. occupe boulevard de Courcelles.

– Dépêchez-vous, Anne, nous allons être en retard.

– Mais, maman, je peux tout de même m'y rendre toute seule.

– Je tiens à voir votre cheftaine, Anne. J'ai quelques recommandations à lui faire. Je vous prie de ne pas insister.

Mme de C. est une très belle femme d'une quarantaine d'années, pas très grande, maquillée avec délicatesse. Tout en elle témoigne de sa bonne éducation.

Elle porte avec beaucoup d'élégance une jupe droite noire et un chemisier blanc, le tout provenant d'un grand couturier.

– Que vont dire les petites, si elles me voient accompagnée par ma mère? ronchonne Anne, timidement.

A cet instant, M. de C. entre dans le grand salon. C'est un bel homme de cinquante ans, directeur d'une multinationale. Calvitie, dents très blanches, un visage hâlé, osseux, il est habillé d'un costume sport, d'excellente coupe. Il s'apprête à rejoindre des amis, ce samedi après-midi, à Ormesson, en région parisienne.

– Laissez donc votre fille et accompagnez-moi au golf, Isabelle... Cela me fera plaisir, à moi.

Il se tourne vers Anne, lui donne une petite tape affectueuse sur l'épaule et ajoute :

– Allez, Anne. Ne faites pas attendre vos jeunes amis.

Tout en arborant un sourire extrêmement séduisant, M. de C. vient de parler avec une certaine fermeté. Son épouse répond à l'invitation avec un sourire identique, qui se fige instantanément. C'est le sourire de convention, d'habitude, de respect dû au mari.

– C'est comme vous le souhaitez, Henri. Je me change et je suis à vous. Verrons-nous les Duguet, à Ormesson?

– Certainement, répond le mari en sortant de la pièce.

Mme de C. se tourne vers sa fille et l'embrasse sur le front du bout des lèvres.

– Je compte sur vous, Anne : soyez prudente, écoutez votre cheftaine.

Anne ne peut s'empêcher d'exprimer sa satisfaction par une petite mimique.

Dans sa chambre, Anne achève de remplir son sac à dos. Elle ouvre la porte un bref instant, regarde de part et d'autre du long couloir qui conduit chez ses parents et referme la porte doucement, en la retenant le plus possible par la poignée.

Dans l'armoire normande, elle saisit sur l'étagère la plus haute un tee-shirt caché sous une pile de pulls parfaitement bien rangés. Elle le déplie, le tend devant elle et regarde avec convoitise le portrait de Michael Jackson imprimé sur le tissu. Elle le glisse subrepticement dans son sac. Anne soulève ensuite le matelas de son lit, d'où elle extrait une minijupe en jean qu'elle enfile aussi furtivement sous sa robe plissée de guide.

– Anne, une guide confiée à ta patrouille désire prononcer sa promesse, amène-la moi!

La cheftaine vient de parler d'une voix de basse très grave et décidée. Un visage d'un ovale très accentué, des lèvres épaisses, des sourcils plantés bas – elle en impose à son petit monde.

Celui-ci est constitué d'une dizaine de fillettes disposées en arc de cercle devant elle. La plus grande, une petite de douze ans, porte fièrement le fanion de la patrouille. Elles sont installées comme d'habitude en fin de semaine, dans un grand pré où elles plantent leurs tentes. L'air est un peu âcre, poussiéreux. Les premières odeurs de l'été sont sèches, fortes. Anne s'avance en tenant la jeune guide par le bras. Elle s'arrête à un mètre de la cheftaine. Celle-ci, au garde-à-vous, pose la main sur l'épaule de la novice, qu'elle interroge avec gravité :

– Que désires-tu?

– Devenir guide aux scouts d'Europe.

– Pourquoi?

– Pour apprendre à servir Dieu et mon prochain.

– Quels avantages matériels en attends-tu?

– Aucun!

Les réponses fusent aussi vite que les questions, posées avec gravité et autorité. La jeune guide a bien appris son texte en compagnie d'Anne, mais elle ne peut dissimuler son émoi. Ses joues s'empourprent. Le visage de la cheftaine a la blancheur d'une statue de pierre. Elle se tourne vers Anne et l'interroge à son tour.

– Anne, rappelle aux membres de ta patrouille la première obligation du scout.

– La bonne action quotidienne, répond Anne, le regard dans le vague.

– Quelles sont les trois vertus principales de la guide? reprend avec beaucoup de sérieux la cheftaine.

– Franchise et dévouement...

Anne hésite un instant, soupire et lance avec un petit sourire :

– La guide est pure dans ses pensées, ses paroles et ses actes...

Anne semble répondre machinalement, sans grande conviction, elle donne l'impression d'être ailleurs. Refermée en elle-même, elle goûte les sensations piquantes du soleil, qui se fait plus fort, et entend à peine la jeune guide qui récite d'une voix atone la loi et les principes des scouts d'Europe.

– Le devoir du scout et de la guide commence à la maison. Le scout est fidèle à sa patrie. Il est fils de la chrétienté et fier de sa foi.

La petite fille ânonne, comme si elle récitait une poésie dans une salle de classe.

Il fait nuit. La cheftaine dort dans une tente voisine, avec les plus petites. Au loin, un bruit de moteur se fait entendre. Une grosse moto peut-être. Le silence à nouveau. Puis un craquement de branches, suivi d'un hululement auquel répond un autre cri d'oiseau de nuit.

Anne s'extrait lentement de son duvet. Quatre autres de ses camarades dorment dans l'étroit espace de toile. La nuit est claire. « Trop claire », se dit Anne. Il est un petit peu plus de minuit... Anne se glisse à quatre pattes vers la fermeture de la tente. Une des jeunes guides ouvre les yeux à demi et les referme aussitôt, comme impatiente de replonger dans ses rêves. Anne défait lentement les brides qui obstruent l'entrée et passe d'abord la tête, très prudemment. La nuit est fraîche, pleine de l'odeur suave des lilas et des chèvrefeuilles.

La voici dehors, en tee-shirt et minijupe. Un coup de klaxon bref, retenu, à peine perceptible, retentit. Anne se met à courir...

– Ça fait un sacré moment que j'attends!

– C'est pas vrai! J'ai entendu ta Vespa et je trouvais plus mes mocassins.

Anne parle vite, en chuchotant.

– Ouais, c'est vrai, je viens d'arriver. J'avais peur que tu puisses pas venir. Elles dorment les pisseuses?

– Elles, oui! Mais j'ai toujours peur que la grande bringue de cheftaine se réveille.

Anne et son petit ami Frédéric s'éloignent du camp en

poussant en silence la Vespa. C'est ainsi que, tous les quinze jours, elle retrouve son copain de lycée dont les parents possèdent une résidence secondaire dans ce coin de la Basse-Normandie.

– T'as pas froid comme ça? interroge l'adolescent.

– T'inquiète pas, le scout a la peau dure, répond Anne en se tapant du plat de la main sur une cuisse.

– Tu fais un drôle de scout, toi!

– On ne dit pas « scout », pour une fille, mais « guide »! Et puis, je m'en fous. Il est chouette ton blouson... C'est un Perfecto?

– Je veux, oui! Il est super, hein?

Anne ne répond pas. Elle regarde Frédéric. Il a seize ans, un visage imberbe aux traits fins. Sa grande taille lui donne une certaine autorité sur ses camarades et facilite l'entrée dans les discothèques.

– Allez, monte, maintenant, dit-il. On est assez loin de ton camp de nazes.

– Y a du monde, ce soir? demande Anne en prenant place derrière son ami.

– Plein à craquer.

Le bruit du moteur couvre leurs voix. Enlacés l'un à l'autre, les deux adolescents s'éloignent sur la départementale, magnifiquement éclairée par une lune étrangement ovoïde.

Exténuée après cette série de lambadas, Anne se laisse tomber sur la banquette moelleuse où Frédéric somnole, indifférent aux décibels agressifs de la discothèque. La métamorphose d'Anne a de quoi surprendre... Qui reconnaîtrait dans cette adolescente exubérante la chef de la patrouille de guides, « pure dans ses pensées, ses paroles et ses actes »?

– Fais-moi goûter ton whisky-Coca, Fred...

– Non! t'es trop jeune!

– Allez! Écoute, j'en ai bu qu'un! Sois pas vache!

Anne tente de saisir le verre que Frédéric tient à la main. Il la repousse avec fermeté.

– C'est un de trop. T'es trop jeune, répète l'adolescent.

– Quand il s'agit de me tripoter, tu ne me trouves pas trop jeune, hein? proteste Anne en se lovant dans les bras de son petit ami.

– C'est pas pareil, c'est pas dangereux pour la santé.

Frédéric redresse son grand corps, regarde sa montre et ajoute :

– Faut qu'on y aille, c'est 4 heures ! Tu vas te faire choper.

– Attends encore un peu, proteste Anne.

– Tu te rends compte ? Si tes vieux savaient où tu es, je me ferais tuer, moi. S'ils te voyaient danser la lambada, avec ta minijupe... T'as pas trouvé plus court ? T'as vu comme les mecs te regardent ?

– C'est fait pour ça, les minijupes, et mes parents y a pas de risque pour qu'ils se doutent. Et puis, ne me parle pas d'eux... Ils me prennent assez la tête comme ça ! surtout ma mère.

Soudain, Anne se lève, remonte des deux mains ses cheveux, fait une petite moue, se raidit, fige un sourire sur ses lèvres et lance, en imitant la voix de sa mère :

– Anne, je tiens absolument à voir votre cheftaine.

Frédéric ne peut s'empêcher de sourire.

– C'est incroyable, quand même, qu'à notre époque, en 1990, tes parents te vouvoient !

Anne pose la tête sur l'épaule de son ami et soupire :

– C'est comme ça, le temps s'est arrêté, chez nous.

Frédéric s'étire sur la banquette, boit une dernière gorgée de son whisky-Coca.

– On y va... Tu vas te faire piquer...

– Embrasse-moi, répond Anne, les yeux brillants.

Frédéric se penche et dépose un baiser furtif sur ses lèvres.

– Mieux que ça ! proteste l'adolescente. Mieux que ça, avec la langue. Et arrête de me prendre pour une môme !

Frédéric embrasse sa copine à pleine bouche et lance entre deux baisers :

– Scouts toujours prêts !

– Idiot, murmure Anne.

Les volets sont clos. Il fait presque nuit dans la chambre. Midi sonne quelque part dans la maison. C'est ainsi qu'Anne commence ses grandes vacances : dans le noir. Depuis trois jours, elle refuse de sortir. C'est sa façon à elle de répondre aux interdits de ses parents et à la punition qui a suivi le scandale consécutif à ses frasques chez les guides

Il a fallu qu'un tracteur réveille la cheftaine et qu'elle se retrouve nez à nez, dans la brume du matin, avec cette minette en minijupe qui grelottait sous son tee-shirt ! Elle a dû se frotter les yeux, longuement, pour reconnaître Anne. Les explications ont été orageuses. Anne a été aussitôt exclue des scouts d'Europe. Les parents, informés, ont très mal pris la chose.

Anne est privée de vacances en Espagne chez sa cousine où elle jouissait d'une liberté que ses parents n'ont jamais soupçonnée.

Elle n'a pas échappé à la leçon de morale de sa mère sur la confiance ni aux discours de son père sur le respect des parents et la nécessité des règles de conduite. Il a dit à sa fille toute sa déception, son amertume, sa colère.

Anne a répondu aux reproches par une véritable crise de nerfs. Elle a crié, hurlé...

Elle se tient là, dans le grand salon Directoire, face à ses parents, les mains crispées sur le dos d'un fauteuil, les yeux rouges, les cheveux défaits, son uniforme de guide froissé, taché.

– J'en ai marre de vous, de votre hypocrisie, de vos belles manières. Vous me prenez pour une autre... Je vous déteste !

Les mots sont venus sans crier gare. Anne est elle-même surprise par son audace, sa violence. Elle plante ses yeux droit dans ceux de sa mère et ajoute :

– J'ai l'impression de ne pas être ta fille !

Pour la première fois de sa vie, Anne vient de tutoyer sa mère. Elle est en proie à une véritable exaltation...

– Arrête ton cirque, maman ! Redescends sur terre ! C'est fini, la noblesse ! Cesse de me prendre la tête avec nos origines, notre rang... Je ne suis pas une petite fille modèle ! J'en ai assez de faire semblant ! J'en ai assez de mentir !

Les parents d'Anne restent un long moment sans réaction. Jamais ils n'auraient pu se douter que leur fille s'adresserait à eux sur un tel ton, avec un pareil vocabulaire.

Anne ne voit pas venir la gifle de son père. La première et la seule de toute son enfance. Mme de C. a un malaise. Il faut appeler le médecin.

Dans sa chambre, Anne taille avec application son uniforme de guide. Depuis trois jours, elle ne desserre pas les dents. Sa mère lui dépose un plateau repas devant sa porte, matin, midi et soir; elle y goûte à peine. Les parents tentent à présent de se montrer compréhensifs. Ils ont rappelé le médecin de famille qui a suggéré une rencontre familiale avec un psychologue. M. de C. a trouvé la suggestion prématurée. Anne dessine, gribouille, écrit toute la journée dans ses carnets.

« Je les punirai, moi aussi. J'en ai marre. Je ne comprends pas où je vis. Tout m'est égal. Je n'ai plus envie de sortir de ma chambre. Je ne veux pas vivre comme eux. Ils ne m'auront pas. Cela fait trop longtemps que cela dure. Je ne veux plus tricher. Je veux être moi! Mais ils ne me laisseront pas être MOI! »

Anne écrit, assise sur la moquette bleu océan de sa chambre.

Elle porte toujours son tee-shirt avec l'effigie de Michael Jackson. La glace de l'armoire normande lui renvoie son image. Elle ne s'est ni lavée ni coiffée durant ces trois jours.

Anne ramasse un tube de cachets. Elle dévisse lentement le bouchon, en extrait une pilule, tend la langue, reste ainsi un instant, dépose doucement le cachet et finit par l'avaler.

Anne remet d'un geste las une mèche de cheveux en place sur son front. Elle se regarde longuement dans la glace, se lève et vient poser son visage sur la surface du miroir, qui semble absorber, avec un petit bruit de succion, les aspérités de sa peau. Elle fait glisser son tee-shirt le long de son corps et se colle toute nue contre la paroi froide, où s'inscrit l'empreinte de son corps. Elle s'écarte un instant, regarde avec satisfaction sa nudité et absorbe une nouvelle poignée de cachets. De l'index, elle fait le tour de la pointe de ses seins. Elle sait qu'elle a, pour une fille de son âge, une poitrine magnifique. Sa main glisse sur la saillie de ses hanches et s'arrête sur l'intérieur du haut de la cuisse. Elle aime la fraîcheur de cet endroit. Anne se caresse, jusqu'au plaisir, en fermant les yeux. A ses côtés, le tube de cachets est vide.

C'est en apportant le plateau du soir, que madame de C. trouve sa fille inanimée. Elle pense d'abord à un malaise, malgré la présence évidente du tube de barbituriques. Le père d'Anne comprend immédiatement la gravité de la situation. Son épouse suggère d'appeler le médecin de famille. Lui fait appel au S.A.M.U.

Ils sont là, au pied du lit de leur fille, dans cette chambre d'hôpital terriblement impersonnelle. Anne vient d'ouvrir les yeux. Le médecin pose sa main sur la tête de la jeune fille.

– Allez, ce n'est pas bien méchant... On est tous passés par là, à ton âge. On y a tous pensé, va!

Anne entend à peine cette voix grêle presque détimbrée. Elle devine la silhouette élégante de sa mère qui se penche sur elle pour l'embrasser. Son parfum trop fort, trop piquant, l'oblige un instant à retenir sa respiration. Son père n'a pas bougé. Il est encore sous l'effet du choc. Son visage est aussi blanc que celui de sa fille. Il est visiblement très affecté par la tentative de suicide de la jeune fille.

Anne le regarde. Elle trouve qu'il a une grosse tête sur un petit corps. Elle tente de lui sourire. Elle finit par articuler :

– Je vais rester longtemps ici?

– Tu peux rentrer chez toi dès demain, si tu veux, répond le médecin d'une voix exagérément douce.

– Après tout, cela m'est égal, murmure Anne.

Sa bouche est pâteuse. Elle éprouve des difficultés à articuler. Le lavage d'estomac a été douloureux.

– On va bien s'occuper de ...

Mme de C. hésite entre le vous et le tu. Elle finit par se décider pour le tutoiement.

– On va bien s'occuper de toi, tu sais. Maintenant, on va tous faire des efforts.

L'hésitation n'a pas échappé à Anne. « Elle peut toujours me tutoyer, se dit-elle, ça ne change rien! Elle ne changera pas et je ne veux pas être comme elle. Je ne veux pas devenir comme eux. Je ne veux pas de cette vie-là. Plutôt mourir! »

M. de C. souhaiterait dire quelque chose, mais les mots ne viennent pas. Il pressent qu'Anne ne supporterait pas une banalité de plus. Il prend timidement la main de sa fille qu'il embrasse, et sort de la chambre.

« Au moins, pense Anne, il ne triche pas, lui. Il reste fidèle à lui-même. »

Il fallait du repos, du calme. Pour les parents, la vie a repris son rythme habituel de convention.

Depuis sa sortie d'hôpital, Anne, elle, s'est installée dans une sorte de mutisme. Elle sort très peu de l'appartement et se réfugie frénétiquement dans la lecture.

– Elle dévore, dit sa mère avec satisfaction, mais elle a perdu ses bonnes couleurs.

Nous sommes en août et, comme tous les étés, la famille se retrouve dans cette vieille bastide aux arbres centenaires. La façade est une curiosité de la région. Elle est couverte tout à la fois de roses blanches, de magnolias, de cyclamens, de glycines, de lierre, qui serpentent sur une vieille treille, se déployant jusqu'au pied d'un cèdre du Liban, vieux de trois siècles et sur lequel s'enroulent quelques fleurs de bégonias.

Anne a toujours aimé cette maison. Elle a longtemps appartenu à un vieil oncle viticulteur qui, à chacun de ses voyages en Afrique, enrichissait l'hectare de terre, devant la bastide, d'essences nouvelles.

Anne a beaucoup joué autour des néfliers, des cyprès, des palmiers, des arbousiers et des arbres de Judée tout violets. Cette petite forêt exotique a été longtemps pour elle un territoire de rêve, d'évasion.

Cette année, Anne ne s'est pas aventurée hors de sa chambre. Elle consent juste à faire quelques pas sur le balcon. Elle n'a pas envie de se perdre dans les odeurs enivrantes du parc. Les parfums des quelques roses sauvages enlacées au montant de fer forgé du balcon lui suffisent bien. Dès les premiers jours des vacances, Anne a refusé de descendre.

– Vous n'êtes pas malade, Anne? s'inquiète Mme de C.

– Non, maman, juste un peu fatiguée par cette chaleur.

Tant dans la façon de s'exprimer que dans les attitudes, « maman » est redevenue « mère ». Aujourd'hui, la famille n'évoque plus la tentative de suicide d'Anne.

L'adolescente a demandé à son père d'acheter pour elle des livres, beaucoup de livres. M. de C. vient de prendre place dans un vieux fauteuil 1930, dans la chambre fraîche. Anne aime beaucoup cette pièce un peu désuète. C'était la chambre de sa grand-mère, au mobilier rococo. Dans la grande glace ovale se reflètent une commode en noyer recouverte d'une plaque de marbre, deux fauteuils fatigués, un grand lit en merisier recouvert d'un édredon léger composé de damiers multicolores et un petit bureau d'acajou.

– Ce mois d'août, dit-elle, sera le mois de mes grandes lectures. Je veux dévorer. Je vous remercie, papa... Vous n'avez rien oublié !

M. de C. laisse échapper un sourire affecté :

– Rien oublié, non ! Il y avait, à mon goût, un peu trop de Jean-Paul Sartre, mais je ne veux pas vous contrarier.

Il se lève, regarde du côté de la fenêtre et saisit une paire de ciseaux sur le bureau de sa fille.

– Regardez-moi cette rose, Anne, on dirait qu'elle veut entrer dans votre chambre.

Au moment où il s'apprête à la couper, Anne se lève d'un bond et le retient avec une violence surprenante.

– Laissez-la, s'il vous plaît !

Ses yeux sont constellés de larmes. Surpris par tant de violence, M. de C. perd toute réserve :

– Vous êtes folle, Anne, laisse-t-il échapper, regardez, vous êtes blessée !

Un filet de sang s'écoule le long de l'index de l'adolescente. Son père sort précipitamment de la pièce.

Anne est extrêmement pâle. De grands cernes mauves lui dévorent le visage. Elle touchera à peine au plateau repas monté par sa mère. Dans la chambre, la lumière brûle toute la nuit. Elle laisse la fenêtre du balcon grande ouverte. Ainsi, elle reçoit mieux les odeurs fraîches de la nuit, les parfums d'aromates exotiques ; elle entend mieux les chants gutturaux des crapauds et les bruits lancinants d'insectes de nuit. Elle lit d'une seule traite deux des ouvrages clés de Sartre : *La Nausée* et *Les Mots*. Aux premiers cris des oiseaux de l'aube, elle commence à feuilleter *L'Être et le Néant*. Elle s'assoupit au moment où un merle dodu vient se poser sur la rambarde du balcon.

Une seule fois, au cours de ce mois d'août, Anne accepte de quitter sa chambre. Il faut un gros orage pour la décider. Elle reste un long moment sur le balcon à regarder les mouvements fous des nuages épais, déchirés à intervalles réguliers par les rayons blancs des éclairs. Aux premiers crépitements de la pluie, elle descend dans le parc.

La tête renversée, elle est là, debout, se tenant d'une main au néflier de son enfance. Elle offre son visage aux gouttes chaudes, qu'elle semble absorber avec délectation. Elle retire sa chemisette et expose sa poitrine à la caresse de l'orage. Tout autour d'elle s'élèvent de petits nuages de vapeur, qui semblent s'échapper de minuscules cratères de sable formés par la pluie. L'air embaume. L'odeur forte des cyprès mouillés et des glycines l'enivre. Anne soliloque :

– C'est beau, c'est doux, tellement doux !

Anne pleure doucement, en larmes retenues.

A nouveau, un grondement long de l'orage, qui se répète en échos du côté de l'orangerie.

Mme de C. surgit sur le perron. Un gigantesque parapluie au-dessus de la tête, une grande serviette de bain à la main, elle court vers sa fille.

– Vous n'êtes pas raisonnable, Anne, vous n'êtes pas raisonnable !

Elle frictionne vigoureusement les cheveux et le buste de l'adolescente.

– Pauvre maman, répond Anne avec une sorte de commisération.

Elle se laisse entraîner sans résister et ajoute :

– Vous ne pouvez pas comprendre, maman.. Vous ne pouvez pas comprendre, Madame.

Anne accepte sans protester de boire un grand bol de thé au citron. Le liquide chaud la sort de son engourdissement. Puis elle s'installe devant son bureau d'acajou et écrit, d'une écriture fine, très retenue.

« L'orage, comme moi, comme tous ces tourbillons dans

ma tête. Plus rien ne semble avoir d'importance. Je n'aime que les sensations de mon corps, de mon corps par lequel j'existe dans le plaisir et la douleur. Plus qu'une semaine et nous rentrons à Paris. Je ne veux pas rentrer. Je veux, je ne veux pas... je ne suis pas capable de penser. Je n'ai pas acquis ma liberté intérieure. On pense pour moi. Je ne sais pas ce que c'est l'existence. Je n'ai pas de raison d'exister. Je ne comprends pas pourquoi j'existe. »

Anne pose son stylo. Son regard se porte au-delà du balcon, là-bas, à l'autre extrémité du parc où se dessine à présent un magnifique arc-en-ciel au-dessus de la rangée de palmiers qui délimite la propriété : des vignes verdoyantes jusqu'à l'infini.

Le pépiement des moineaux répond au ramage étourdissant d'étourneaux et d'hirondelles qui semblent fêter la fin de l'orage en sautillant avec exubérance d'un arbre à l'autre, d'une gouttière au fil d'un poteau électrique.

Anne saisit la paire de ciseaux, qu'elle sort de son étui en cuir, et coupe la tige de la rose blanche, qui s'aventurait dans la chambre. Elle porte la fleur à son nez, la hume en fermant les yeux, puis détache un à un les pétales, qu'elle dispose en forme de cœur sur son cahier. Anne écarte la branche la plus affûtée de la paire de ciseaux, pose son poignet sur les pétales, ferme une nouvelle fois les yeux, et insise brutalement une veine. Elle pousse un petit cri, inspire profondément et porte sa main droite sur la plaie, comme si elle voulait ralentir l'écoulement du sang. Elle se lève, pousse du pied un des gros fauteuils vers le balcon et s'affaisse dans le cuir fauve.

La lumière du jour est douce. Le vent vient de se lever et balance les branches légères des amandiers. Le chuchotis des feuilles, l'aboiement du chien du mas voisin et le bruit d'un tracteur, au loin, couvrent la voix de la mère de l'adolescente.

– Anne, que faites-vous? Anne, vous dormez? Répondez!

Depuis la terrasse, elle ne distingue pas très bien sa fille, recroquevillée dans le lourd fauteuil. Anne ne répond pas.

M. de C., qui vient d'achever de cercler des tonneaux, rejoint son épouse. En un très bref instant, il interprète le silence de sa fille et se précipite en courant à l'intérieur de la bastide. Quelques gouttes de pluie retombent.

– Elle a perdu très peu de sang, explique le jeune médecin de campagne.

Il est au chevet de la jeune fille et n'ose visiblement pas poser trop de questions à M. et Mme de C., très estimés et très respectés dans la région. Il s'en tient à un commentaire médical :

– Le sang s'est coagulé très rapidement sur la veine. C'est une chance : elle a le sang épais. Je lui ai donné un sédatif, elle dormira bien.

M. de C. vient d'allumer un grand feu dans la salle à manger. L'été, la pièce est toujours très fraîche, et c'est agréable de s'y réfugier par les grandes chaleurs. Ce soir, l'orage en a considérablement amplifié l'humidité. La mère d'Anne surgit, tandis que son mari remet une bûche dans la cheminée.

– J'ai laissé une tasse de tilleul sur sa table, dit-elle, presque en chuchotant.

L'homme ne répond pas. Il replace sur son support le tisonnier qu'il tenait à la main et se laisse choir dans le large fauteuil de cuir craquelé par l'usure et par les griffes de chat. Il allume une cigarette d'un geste lent.

– Vous refumez, Henri ? Depuis quand ? s'étonne son épouse en prenant place à ses côtés sans le regarder.

– Depuis que je cherche à comprendre ce qui se passe dans la tête de notre fille.

Il fixe obstinément les braises du foyer. Les bûches mouillées crachotent dans la cheminée. Tout est silencieux, étouffé, immobile dans la maison. De temps à autre, on entend le craquement sec d'un parquet ou d'une solive qui travaille.

M. de C. rompt le silence d'une voix rauque, qu'il tente d'éclaircir en toussant à deux reprises :

– Je cherche notre responsabilité... ma responsabilité. Nous avons tenté de l'élever au mieux, sans grande contrainte. Nous avons toujours été attentifs à ses demandes, à ses études.

Il marque un temps, cherche du regard l'approbation de sa femme et poursuit :

– N'est-ce pas, Isabelle? Nous avons tenté de lui donner la meilleure éducation. Tout cela se situe hors de nous, c'est un mal du temps, de cette époque... de cette époque sans références.

Mme de C. se lève, se dirige vers la porte-fenêtre, regarde du côté du parc, revient vers son mari et pose une main sur son épaule.

– Oui, mon ami, nous avons fait pour le mieux. Nous n'avons pas su, peut-être, trouver les mots. Les jeunes ont des demandes, des attentes que les adultes ne savent pas voir quelquefois.

Elle parle d'une voix discordante, hésite, presse ses mains l'une contre l'autre. Ses yeux sont mouillés de larmes. Elle tente de dissimuler son émotion par un sourire de compassion.

– Rentrons plus tôt à Paris, Henri, et voyons avec elle un psychiatre, avant la rentrée.

– Un psychiatre? s'étonne M. de C. Vous n'y pensez pas sérieusement, Isabelle? Un psychologue, oui!

Au cours de ce premier trimestre au lycée, Anne a des notes très largement au-dessus de la moyenne, en toute matière. Ses professeurs, comme ses parents, sont tout à fait satisfaits d'elle sur le plan scolaire. Elle occupe tous ses week-ends en révisions et en lectures diverses.

– Vous devriez sortir, Anne, ne cesse de lui répéter sa mère. Voulez-vous organiser une fête à la maison avec vos amis du lycée?

– Je n'y tiens pas, répond Anne sans lever la tête de son livre. Elle est absorbée par la lecture de *La Peste*, d'Albert Camus. Elle est installée sur le sofa, dans le grand salon Directoire de l'appartement du boulevard de Courcelles. Elle finit par poser son livre et s'approche de la grande fenêtre qui donne sur le parc Monceau.

Une fine pellicule de givre a recouvert les arbres et les bancs. Des merles noirs, bien en chair malgré l'hiver, cherchent quelques miettes ou vermisseaux sur le sol gelé. Anne se retourne vers sa mère, occupée à confectionner un bouquet de feuilles séchées.

– Vous croyez, maman, que je pourrais retourner chez les guides?

– En éprouvez-vous vraiment le désir, Anne? s'étonne Mme de C. J'en parlerai à votre père. Vous seriez cheftaine à présent, n'est-ce pas? Mais vous y tenez vraiment?

– Je ne sais pas. Je disais ça, comme ça... pour voir, pour me faire des amis.

– Et vos camarades de lycée?

– Ils ne m'intéressent pas. Je ne sais pas ce qu'ils veulent.

A cet instant, Anne pense à Frédéric. Dès le premier jour de la rentrée, il a tenté de reprendre contact avec elle.

Elle se le rappelle devant la porte du lycée, à califourchon sur sa Vespa. Il l'attend mais elle fait comme si elle ne le voyait pas et s'éloigne en marchant vite, sans se retourner. Frédéric se porte à sa hauteur. Le bruit du moteur de la Vespa l'oblige à crier pour se faire entendre.

– Je sais que tu m'as vu. Pourquoi tu ne veux pas me parler?

Anne presse le pas. Elle ne veut pas répondre.

– Je veux te voir! hurle Frédéric. Je veux te parler. Qu'est-ce que je t'ai fait, merde!

– Rien! Tu ne m'as rien fait, murmure l'adolescente, et tu ne me feras jamais rien!

– Qu'est-ce que tu dis? J'entends rien!

Frédéric se porte légèrement en avant, bloque le passage et coupe le moteur de son véhicule.

– Dis-moi ce que je t'ai fait, répète-t-il.

Anne est prise d'un tremblement qu'elle ne parvient pas à contrôler. Frédéric, cette fois, la coince véritablement contre le mur.

– Je te fais peur? C'est quand même pas à cause de cette histoire avec ta conne de cheftaine?

– Laisse-moi passer, supplie Anne.

Elle vient de parler d'une voix blanche, fatiguée. Elle pousse de toute sa force sur le guidon de la Vespa, afin de poursuivre son chemin.

– Je ne te laisserai pas aller tant que tu ne m'auras pas donné une explication.

– Il n'y a pas d'explication, Frédéric. J'ai changé, c'est tout. J'ai pas envie de vivre comme vous tous.

– C'est pas une raison pour faire tes conneries! T'as

pas le droit de vouloir mourir! Qu'est-ce qui s'est passé pour que tu disjonctes comme ça!

Anne soupire pour marquer sa lassitude. Frédéric lui prend la main. Sur le boulevard, la circulation est de plus en plus dense. Les gens passent devant eux, indifférents, pressés. Personne ne prête attention à ce qui pourrait être une querelle d'amoureux.

– Je t'en prie, dit encore l'adolescente. Laisse-moi. Tu ne peux pas comprendre!

– C'est trop facile de dire ça, hurle Frédéric. Réagis! C'est trop con! T'as vu le look que tu te paies, maintenant? Pourquoi t'es fringuée comme une vieille fille? Tu l'as dansée avec moi, non, la lambada? Mais qui tu es maintenant?

– Personne ne peut comprendre. J'ai pas d'envie, c'est tout.

– Quelqu'un t'a fait du mal? C'est tes vieux qui sont chiants? C'est ça, hein?

– Tu m'ennuies, Fred; vous m'ennuyez tous! Elle est conne votre vie, tellement conne!

Anne parvient à se dégager et court aussitôt vers les escaliers du métro. Frédéric s'apprête à la suivre et se ravise aussitôt.

– Merde! J'ai pas d'antivol!

Il grimpe sur son engin, tandis qu'Anne disparaît. Frédéric donne un coup de kick, mais le moteur à peine emballé, il coupe les gaz et s'élance en courant dans les escaliers du métro. Sur le quai, Anne s'engouffre dans une rame qui s'éloigne dans un bruit étouffé de caoutchouc.

Dans sa chambre, assise sur son lit, Anne écrit à la lumière d'une lampe de poche, pour ne pas éveiller l'attention de ses parents. De nombreuses lignes de son carnet sont raturées. Elle se relit d'une voix éteinte :

– Je ne crois pas en Dieu et je suis sûre de ne pas avoir besoin d'aide. Personne ne saura mieux que moi. Les questions que je me pose sur l'existence, personne n'y répond. On ne résout pas les questions essentielles. Il n'y a rien pour assouvir la soif d'absolu. La vie est déjà sortie de moi. Mon problème, aujourd'hui, ne se situe plus par rapport aux autres. C'est moi, contre moi. »

Plusieurs semaines viennent de s'écouler. Anne vient de se lever. Elle ouvre à demi la fenêtre de sa chambre. Le ciel blanchit sur le parc Monceau ; des camions de livraison roulent à grande vitesse sur le boulevard, dans les premières lueurs de cette aube brumeuse. Anne retourne, pieds nus, dans son lit. Elle frissonne. Ses yeux noirs sont fiévreux. Sous l'oreiller, elle saisit son cahier, soupire, hésite un instant avant d'écrire, regarde son reflet dans la glace. Elle est pâle, ses joues sont creuses, elle a terriblement maigri. Sur la table de nuit, elle s'empare de la paire de ciseaux et commence à se couper une mèche de cheveux, puis une autre. Bientôt, elle taille au hasard, avec frénésie. En moins de trois minutes, elle se retrouve comme tondue. Elle époussette les cheveux autour d'elle et commence à écrire :

« Bruit et brouillard dans ma tête. Mon corps qui n'en finit pas de ne plus être là. Ce jeu avec les parents. Ce faire-semblant, pour ne pas les peiner. Pauvre papa ! il ne parvient pas à dire qu'il est malheureux. Et maman, maman qui s'obstine, qui ne veut pas voir, qui veut sauver les apparences. Sa gentillesse m'épuise. Ce n'est pas leur faute. Ils sont, eux aussi, victimes du jeu social. Je ne veux pas faire semblant. Les livres ont éveillé ma conscience. Je ne peux pas accepter les compromis. Je ne veux pas renoncer à moi ! »

S.A.M.U., coma, réanimation, lavage d'estomac. Ce cocktail de barbituriques ne devait laisser aucune chance à Anne, mais son corps s'est battu avec la résistance de ses seize ans. Peu à peu, elle sort de son errance dans le labyrinthe cotonneux du coma. Une main se pose avec douceur sur son front glacé. Elle gémit, ouvre les yeux et les referme aussitôt pour retrouver dans son rêve cette petite fille de cinq ans qui se cache derrière un néflier noueux ; une coccinelle grimpe sur son bras ; elle chantonne :

– Coccinelle, monte au ciel ou, sinon, je te tue...

L'insecte court sur le bras, puis sur la main de la petite fille, grimpe à l'extrémité de son index qu'elle tient tendu vers le ciel, si bleu ce matin. Elle répète encore :

– Coccinelle, coccinelle, écoute-moi!
– Anne, tu m'entends? Anne?
La petite fille court au milieu du parc à la végétation luxuriante et odorante.
– Anne? Tu m'entends?
La petite fille aime cette voix d'homme, claire, musicale. Elle se glisse à quatre pattes du néflier vers le gros cèdre bleu aux branches pendant jusqu'au sol, sous lesquelles elle vient se cacher. La voix appelle encore. Elle est affectueuse, harmonieuse; c'est la voix de papa.
Dans la chambre de l'hôpital, un rayon de soleil vient se poser sur la taie d'oreiller, tout près du visage de l'adolescente. Peu à peu, il glisse sur sa joue blanche. Lentement, Anne ouvre les yeux. Son père se penche à son oreille.
– Anne, tu m'entends, n'est-ce pas?
Anne ne voit pas la larme qui coule le long du visage de son père. Elle en sent le goût salé aux commissures de ses lèvres, quand il se baisse pour l'embrasser.

Une année vient de passer. Anne est aujourd'hui en classe de philo. Depuis plusieurs mois, elle fait une psychothérapie.
– Mon médecin m'apporte beaucoup, dit-elle. Il ne parle pas comme un psychiatre. Il ne me prend pas la tête à propos de mes tentatives de suicide. Il me traite d'égal à égal. Il discute souvent avec les parents. Ça leur fait du bien. Ils sont plus cool. Nous parlons beaucoup de théâtre. J'ai commencé à prendre des cours d'art dramatique. On a déménagé. Les parents ont trouvé une maison plus sympa, à Meudon.
Anne ne cesse pas de s'interroger sur le sens de l'existence, mais, peu à peu, pour avoir été si près de la mort, elle réapprend la vie... Elle revoit Frédéric très régulièrement. Il a changé de Vespa et il a promis de passer à la bastide cet été. Anne lui a tellement parlé du cèdre du Liban, vieux de trois siècles...

Guillaume

Pour atteindre la corniche poussiéreuse du vieux vaisselier, l'enfant grimpe sur une chaise. Il prend appui sur un des montants et pose les pieds sur le plateau du buffet, entre deux chandeliers en cuivre légèrement oxydés et un magnifique bouquet d'hortensias. Il s'écorche légèrement l'index à une pointe qui dépasse sur le flanc du meuble. Sans y prendre garde, il poursuit ses investigations. Sa main tâtonne sur le bois rugueux. Enfin, il sent le contact du métal froid. Il attrape l'arme massive par le canon et redescend de son perchoir.

Guillaume, onze ans, est seul dans la maison. Cheveux coupés en brosse, avec une longue mèche dans le cou, il a souvent une casquette, qu'il porte la visière sur la nuque.

– Ça fait mode, dit-il fièrement.

C'est un enfant long et maigre que rien de particulier ne distingue des amis de son âge.

Il pose le revolver sur le bois ciré et jette un coup d'œil par la porte à croisillons de la terrasse. Il cligne des yeux, tant la lumière est blanche. Sur la pointe noire du rocher surplombant l'océan à peine agité de vaguelettes, il aperçoit la silhouettte de son père, dans la pose rituelle du pêcheur attentif. C'est ainsi depuis plus de vingt ans, pendant les vacances, six heures par jour.

Guillaume prend l'arme des deux mains et porte le canon à la verticale de son visage, à hauteur du nez. Il inspire longuement en fermant les yeux à demi. Il aime cette odeur âcre de poudre et d'huile qui reste incrustée dans les aspérités de l'orifice noir du revolver à gros barillet. Il sait qu'il n'est jamais chargé, mais il sait aussi que les balles sont au fond d'un des tiroirs du vaisselier de la salle à manger. L'arme a toujours été dans la maison. Elle appartient à son oncle, le frère de son père, qui est collectionneur. Il dit souvent :

– On ne sait jamais, ça peut servir. C'est dissuasif, un engin pareil!

Et le frère de répliquer, en haussant les épaules :

– Tu ferais bien de me foutre en l'air une saloperie pareille! Tu ne me feras jamais y toucher, c'est sûr!

Les deux frères sont très différents l'un de l'autre, tant par le parler que physiquement. Le père de Guillaume est plutôt maigre, avec une petite barbe et des lunettes rondes. Directeur d'école primaire, écologiste et discret, il a une allure d'un autre temps. L'oncle est plutôt tonitruant, fort en gueule et bien en chair. Il a réussi dans la vente de copies d'objets et de meubles anciens.

L'été, la famille se partage la maison d'Étretat. L'oncle l'occupe en juillet, son frère, en août.

– Si bien qu'on ne fait que se croiser, heureusement, fait remarquer la maman de Guillaume qui est également institutrice.

Une fois, sur la terrasse, l'oncle a tiré en direction de la mer. Il y a eu un « ban! » terrible. La déflagration a fait trembler les vitres. La maison, une des plus vieilles de la côte, est très isolée et le coup de feu n'a pas surpris le voisinage.

Guillaume ouvre le tiroir. Il y plonge la main et fouille sans voir. Il devine, entre les cartes à jouer et des bougies à demi consumées, un rond de serviette en plastique, des épingles à linge en bois, une pelote de ficelle et des fiches de cuisine reliées entre elles par un gros élastique. Ses doigts identifient enfin la boîte rectangulaire en carton dur. Il l'extrait du tiroir. Elle est légèrement décolorée par le temps et l'humidité. Guillaume l'ouvre avec une sorte d'exaltation.

Les balles, têtes en l'air, pointées comme des ogives, fascinent l'enfant. C'est une boîte de vingt, mais une des alvéoles est vide... Vraisemblablement, c'est la place de la balle tirée par l'oncle.

L'enfant hésite à en saisir une.

« C'est du gros », se dit-il.

Il ne sait pas évaluer véritablement le calibre, mais il répète avec la conviction d'un chasseur ou d'un collectionneur :

– Ouais, c'est du gros !

Sur le rocher noir, son père lance une nouvelle fois sa ligne.

Guillaume pose la balle sur le plateau du vaisselier, près d'une chaufferette à alcool. Son cœur bat très fort dans sa poitrine. Il reprend le revolver et tente de libérer le barillet, sans y parvenir. L'arme est régulièrement entretenue par l'oncle, mais, à onze ans, on manque de force, les doigts sont encore trop petits. L'enfant bloque le revolver entre ses cuisses, juste au-dessus des genoux, et il tire autant qu'il le peut sur l'onglet métallique strié qui dégage le barillet. Il souffle, transpire légèrement. L'arme glisse. Guillaume se blesse sur le plat de la cuisse avec le chien qui lui entame assez profondément la peau, suffisamment en tout cas pour laisser passer un filet de sang. Il ne s'en émeut pas. Il tire encore sur la pièce. Le barillet s'ouvre enfin. Guillaume se redresse et porte l'arme au-dessus de ses yeux. Il regarde à travers les six ouvertures vides. Six petites portions de mer s'y découpent, comme dans un kaléidoscope. Dans un des orifices, Guillaume croit voir une partie de la silhouette de son père. Il prend la balle et la porte devant un des espaces vides du barillet...

– Guillaume !

L'enfant a juste le temps de faire disparaître la balle dans la poche de sa chemisette avant de se retourner. Sa mère est sur le pas de la porte. Il ne s'attendait pas à son retour. D'habitude, la permanente chez le coiffeur prend beaucoup plus de temps. Guillaume craignait davantage d'être surpris par son père.

– Tu es fou, mon garçon ! Que fais-tu avec cette arme ? Mon Dieu, si ton père te voyait...

La mère de Guillaume se précipite et arrache le revolver des mains de l'enfant.

– Mais tu ne sais pas quoi faire de tes journées ! Qu'est-ce qui t'a pris ?

– C'était juste pour voir, balbutie Guillaume, penaud. Tu ne diras rien à papa ? implore-t-il.

Sa mère ne répond pas Elle se dirige vers la cuisine.
– Que c'est lourd, ce bazard! lance-t-elle.

La maman de Guillaume est une femme d'une quarantaine d'années, grande, plutôt réservée d'apparence, aux cheveux mi-longs. Elle ne se maquille pas et, bien que soignée, ne donne pas l'impression de faire des frais de toilette.

– Et s'il avait été chargé? Il me fera mourir ce gosse!

– Tu sais bien qu'il n'est jamais chargé, se défend Guillaume. Tu ne diras rien à papa, hein?

– Tu mériterais... Allez, file! Je vais le cacher! As-tu seulement fini tes exercices?

– Pas encore.

– Dépêche-toi, ton père a dit qu'il te les corrigerait quand il remonterait. Dépêche-toi, ça va encore faire des histoires...

Ces exercices de mathématiques sont la hantise de Guillaume. En vacances, comme en période scolaire, il n'y coupe pas. C'est l'obsession paternelle. L'enfant est pourtant bon élève. En cette fin de mois d'août, à quelques jours de la rentrée, Guillaume a fini en temps et en heure ses deux cahiers de devoirs de vacances. Son père n'a pas cessé de lui répéter :

– Mon vieux, avec la sixième, c'est sérieux cette année.

Il a souvent entendu ce refrain. Dès sa première année en primaire, et chaque fois qu'il a changé de classe, il a eu droit à la même mise en garde.

Guillaume fait d'ailleurs, depuis toujours, un parcours sans faute de tête de classe. En cela, il répond parfaitement aux espérances de ses parents, contrairement à Frédéric, son frère aîné.

– Celui-là, il a tout gâché alors qu'il avait tellement de possibilités, de facilités.

Frédéric, déclaré inapte aux études, a terriblement déçu son père. Aussi, à dix-huit ans, il a devancé l'appel et s'est engagé pour trois ans dans la marine. Cela fait maintenant vingt-six mois qu'il a quitté la maison.

Guillaume a tapissé sa chambre des cartes postales envoyées par le grand. L'enfant, lui, est très fier de ce frère qui bourlingue sur toutes les mers. Il rêve longuement autour de ces « Bons baisers de Dakar », « Une pensée de Fort-de-France », ou encore « Salut, petit frère, des îles Marquises... »

Guillaume se souvient de sa dernière permission, il y a juste un an. Le grand a débarqué sans crier gare, le baluchon sur l'épaule.

Frédéric et son petit frère ont fait de longues promenades ensemble sur la falaise. Guillaume, dans sa chambre, pense à ces journées de permission.

– Allez, grimpe, moustique!

Frédéric se baisse et Guillaume monte sur les épaules du grand. Le vent s'est levé. Le maillot de marin à rayures flotte sur les flancs du permissionnaire. Le petit ne se défait pas du bonnet à pompon rouge.

Le sentier douanier est bordé de ronces sauvages, de fougères et d'arbrisseaux brûlés par le sel. Pour parler, ils doivent crier, tant le bruit des vagues est fort. Ils se sont levés tôt. Il est à peine 8 heures du matin, mais les rayons du soleil se font déjà sentir sur la bruyère rase et jaune. Des odeurs lointaines de foin se mêlent aux senteurs océanes.

Bientôt, le grand est essoufflé. Il propose de faire un arrêt à l'abri d'un de ces murets aux pierres empilées les unes sur les autres avec une parfaite régularité.

Guillaume taquine un lézard avec une tige d'ajonc ramassée quelques instants plus tôt.

– Il a filé... Tu as dû en voir, toi, de sacrées bestioles, dans tous ces pays, dit-il à son frère, sans cacher son admiration.

Frédéric devrait dire que les escales sont courtes, que les manœuvres sont nombreuses en mer et qu'il ne reste pas beaucoup de temps pour découvrir les contrées nouvelles, mais il ne veut pas décevoir son frère. Alors, il raconte avec force détails tout ce qu'il n'a jamais vu. Il imagine, amplifie, s'exalte. Le petit rêve.

– Tu as des galons? demande l'enfant intrigué.

– Bien sûr, répond l'aîné, je suis crabe!

– Crabe?

– Oui, c'est comme ça qu'on appelle le quartier-maître.

Guillaume coupe un brin d'herbe sec, qu'il porte à sa bouche. Il le mâchouille et interroge une nouvelle fois son frère.

– De tous les pays que tu as vus, c'est lequel que tu préfères ?

– Je les aime tous pour des raisons différentes.

L'enfant regarde très loin vers la mer, là où un trait de brume rejoint l'horizon.

– Tu crois que je pourrai voyager, moi aussi ?

– Ça dépendra de ton métier et de ce que tu feras à l'école...

Guillaume recrache un bout d'herbe.

– Oui, mais toi tu l'as quittée bien vite, l'école.

– Ouais, répond Frédéric avec une petite moue de perplexité.

Tu regrettes pas ?

– Non !

Frédéric ne peut s'empêcher de répondre avec un accent de colère. Il se reprend aussitôt et ajoute plus calmement en souriant :

– T'es pas obligé de faire comme ton cancre de frère. Ça plaira pas à papa.

Guillaume se lève, prend un galet et le jette dans l'eau par-dessus le muret.

– Mais, moi, je veux faire comme toi ! J'en ai marre des exercices.

– Ah, parce que tu y as droit maintenant, toi aussi, dit le grand en lançant à son tour une petite pierre au bas de la falaise.

– Ben oui, j'y ai droit, répond Guillaume comme s'il énonçait une évidence.

– Ça lui a pas suffit de me dégoûter de l'école ? Il n'a rien compris, décidément.

Il y a comme un peu de tristesse dans la voix de Frédéric. Il regarde son petit frère avec infiniment de tendresse. Il marque ainsi un long silence, passe sa main sur la tête de l'enfant. Le vent est tombé. Le soleil est haut, des mouettes virevoltent autour d'un bateau de pêcheurs qui entre au port.

– T'en fais pas, va, dit Frédéric. Je suis sûr que toi, tu vas résister. T'es plus intelligent que moi... Je me suis buté. En cinquième, le père, le dimanche, il me donnait une vingtaine d'exercices d'algèbre. J'en avais pour la journée. Quelquefois, je restais des heures devant la page blanche... je restais là, sans rien comprendre. Les larmes me montaient aux yeux, mais je ne voulais pas lui montrer que je craquais!

« Pour quand la prochaine permission? » se demande Guillaume dans sa chambre. Il lui manque beaucoup ce grand frère. A ce moment, l'enfant met un terme à la bande dessinée qu'il a réalisée clandestinement pendant les vacances. Il en a écrit lui-même le scénario. Guillaume a également un bon coup de crayon. Ses personnages sont justes. Il a un réel talent, que seul son frère semble apprécier.

Cette année, il a imaginé une histoire policière sur fond de racisme, celle d'un jeune beur injustement accusé de meurtre, dans une fête foraine. Enrôlé par une milice locale, son héros est en cavale. Pris au piège dans une vieille ferme, où il a trouvé un vieux fusil, il attend ses assaillants. A coups de crayon, Guillaume a su donner à son personnage les expressions nécessaires, restituer les traits de l'angoisse, le climat de la traque. Au moment de l'assaut, le jeune beur retourne l'arme contre lui : en très gros plan, Guillaume a dessiné la bouche noire du canon et les yeux de son héros, qui traduisent tout son désarroi.

Son bureau, une grande planche posée sur deux tréteaux, est encombré de feuilles de papier Canson et d'une multitude de crayons aux mines taillées avec application. Sur le parquet traînent un livre de mathématiques et un cahier de devoirs de vacances. La porte de la chambre s'ouvre. Le père de Guillaume, en survêtement gris, les lunettes à la main, entre dans la pièce avec un sourire de satisfaction.

– Alors, ces exercices?

Il comprend immédiatement que Guillaume est occupé à autre chose. Son sourire disparaît aussitôt. Il balaie de la main les dessins de son fils et montre du doigt le livre de mathématiques.

– Ramasse-moi ça! Combien tu m'en as fait?

– La moitié, murmure Guillaume embarrassé.

– C'est pas lourd... voyons!

L'homme épluche méticuleusement le travail de l'enfant. Il n'a fait aucune allusion à l'histoire du revolver. Guillaume comprend que sa mère n'a pas vendu la mèche et sourit de soulagement.

– Il n'y a pas de quoi rire! le reprend son père. Mon garçon, tu te prépares mal pour ta sixième.

– J'ai bossé tout l'été, papa, se défend Guillaume. Il me reste quelques jours... J'aimerais bien me détendre un peu.

Le père de l'enfant a un geste de la main, un petit tremblement accompagné d'un bruit de bouche, qui semblent vouloir indiquer que rien ne presse et qu'il y a encore un peu d'ouvrage.

– Tu me finis ces trois-là, et c'est bon, dit-il en quittant la pièce.

« Pas vraiment méchant le directeur, seulement exigeant, pense l'enfant, mais trop exigeant. »

C'est une espèce rare d'instituteur; il est resté fidèle – comme un ancien hussard de la République – à l'école de Jules Ferry; très dévoué et très engagé dans l'action laïque, c'est un homme pointilleux et perfectionniste, passionné par son métier. C'est tout juste si, à la maison, il ne garde pas sa blouse grise – c'est d'ailleurs le seul enseignant, dans son établissement, qui la porte encore. Même en vacances, il traîne derrière lui une odeur de craie, une odeur de classe.

C'est dans ce climat d'étude, de respect du travail, de goût de l'effort que Guillaume est élevé. Son frère n'a pas résisté à tant de rigueur.

Que d'émois pour cette rentrée! Le père de Guillaume tient à s'occuper lui-même de l'achat des fournitures scolaires. Il choisit un gros cartable solide, en cuir marron, avec des lanières larges pour mieux le porter dans le dos.

– C'est plus à la mode, fait remarquer timidement l'enfant.

– Mode ou pas, c'est résistant et sérieux, répond le père. Et puis, celui-là, il te fera facilement jusqu'en troisième.

Guillaume hausse les épaules.

A table, au repas du soir l'enfant ne desserre pas les dents. Avant de débarrasser, sa mère, légèrement inquiète, lui demande :

– On dirait que ça ne te fait pas plaisir d'entrer en sixième ?

Guillaume n'a même pas le temps de répondre. Son père le devance :

– Mais que si ! Qu'est-ce que tu racontes ? Il est content. Hein, Guillaume ? Et puis, cette année, en sortant du collège, tu viendras en étude dans ma classe, ça sera plus simple.

Cette fois, l'enfant ne peut retenir un long soupir d'exaspération. Son père se reprend :

– Enfin... je veux dire que, comme ça, je pourrai mieux t'aider.

Il ajoute, en prenant une attitude qu'il tente de rendre amicale :

– Tu sais, Guillaume, il va falloir que tu en mettes un coup, cette année. Les enfants d'enseignants, on les a toujours dans le collimateur. C'est plus difficile pour toi, mais je ne suis pas inquiet, tu sais. On va leur montrer de quoi on est capable.

Guillaume pense à son frère, en escale à Singapour. Son père reprend :

– Et puis, tu sais ce que je t'ai dit. Je tiens toujours mes promesses. Si tu gardes la tête de classe toute l'année, c'est sûr qu'en juillet tu l'auras, ton vélo tout terrain...

Au cours du premier trimestre, l'enfant s'accroche. Il fait le maximum pour répondre aux attentes de son père. Même le mercredi, son emploi du temps est bien rempli.

A 9 heures, sa mère le conduit au solfège. A 11 heures, cours d'anglais chez un professeur particulier. A 14 heures, son père l'emmène à l'équitation. A 16 heures, après le goûter, Guillaume révise jusqu'à 18 heures. Son seul vrai loisir est constitué par ses bandes dessinées, auxquelles il se consacre clandestinement, le soir, avec une lampe de poche.

Sa mère trouve qu'il n'a pas grand appétit. En effet, il a mauvaise mine. Son visage est gris, ses yeux sont creusés de fatigue.

– A Noël, il faut absolument partir à Étretat. L'air de la mer, l'hiver, lui fera le plus grand bien, répète sans cesse la maman.

– Il y a déjà les fêtes, répond le père. Ça va suffisamment nous perturber. C'est trop important, le second trimestre. Il ne faut pas qu'il s'endorme sur ses lauriers!

Guillaume, durant ces trois premiers mois, remplit parfaitement son contrat. Il excelle dans toutes les matières. Aussi, le Père Noël se montre généreux. Papa ne lésine pas. Dans les paquets, l'enfant découvre la collection complète des œuvres de Marcel Pagnol et une carte du monde murale.

Guillaume prononce des remerciements qu'il tente de rendre le plus possible enthousiastes. Il ne laisse pas voir sa déception. Il espérait avoir un walkman et avait déjà acheté des cassettes de Renaud, qu'il a cachées au fond du tiroir de son placard.

Sa mère l'aide à accrocher la carte sur le mur de sa chambre. La tristesse de Guillaume ne lui a pas échappé.

– Tu es sûr que tu es content? demande-t-elle.

– Oui, maman, répond gentiment l'enfant.

– Sûr... sûr?

Guillaume éclate en sanglots.

Sa mère ne lui dira pas qu'elle avait bien pensé au walkman : elle avait même repéré un modèle sur le catalogue de la C.A.M.I.F. et en avait parlé à son mari.

– Surtout pas! Ça rend sourd, ce truc-là, avait-il objecté.

En réalité, de tous ces cadeaux, Guillaume a particulièrement apprécié la carte du monde. Elle lui permet de suivre les périples océaniques du grand frère. Il pointe sur chaque continent visité par l'aîné une aiguille surmontée d'un petit fanion en plastique rouge.

Au milieu du second trimestre, Guillaume a une baisse de forme. Un dimanche, il fait une forte poussée de fièvre : quarante degrés. La maman s'affole.

– Surmenage, baisse de calcium et manque de magnésium, dit le médecin.

– Comment ça, surmenage? s'étonne le père.

Il ajoute avec certitude :

– C'est l'adolescence qui le travaille.

C'est sa façon à lui de minimiser son harcèlement en direction de l'enfant.

Guillaume récupère progressivement. Son père participe très activement à sa remise en forme. Il compose les menus qui vont lui donner l'énergie nécessaire : bifteck de cheval avec son sang ou foie de veau tous les midis et, pour le dessert, orange et banane.

Pour éviter l'accumulation du retard scolaire, la famille demande à un camarade de Guillaume d'apporter tous les jours les cours de la journée passée. Ainsi, tous les soirs, le copain fait le point avec le père du petit malade, cahier de textes en main. Il faut à tout prix que Guillaume reste à niveau, même s'il n'a vraiment pas l'esprit au travail. Son père a même fait porter un tableau noir dans sa chambre et lui fait la classe. La maman s'inquiète. Son mari n'est pas particulièrement autoritaire, mais elle est très impressionnée par son sérieux, sa conscience professionnelle. Quelquefois, elle se risque à dire :

– Mais laisse-le donc un peu, tu le fatigues!

– Il a tout le temps de se reposer quand je ne suis pas là, rétorque le mari en essuyant méticuleusement le tableau noir encombré de formules algébriques.

– Le médecin dit qu'il est surmené.

– Je sais. On ne parle que de ça de nos jours : stress, surmenage... C'est à la mode!

Guillaume vient de s'endormir. Son père le regarde un instant avec une sorte de commisération.

– Tu ne veux pas qu'il finisse comme son frère, sans métier, dans la marine!

Sa femme ne répond pas. Elle est trop lasse. Pendant des années, elle a tenté de résister aux exigences de son mari en direction des enfants, mais il s'obstine, tellement persuadé de bien faire.

– Il me remerciera plus tard. Aujourd'hui, la société est trop dure pour les sans-bagage, dit-il avec une gravité à peine surfaite.

Après les vacances de Pâques, Guillaume reprend le collège. Il y a quelque chose de changé dans son comportement. En classe, il semble moins attentif. Il fait pourtant des efforts pendant les cours, force son attention, mais la voix du professeur n'est plus, quelquefois, qu'une musique lointaine, lancinante. Le soir, Guillaume rêve devant la carte du monde. Il pense à son frère, à tous ces pays qu'il ne connaîtra pas. Il dessine à nouveau ; il a repris l'histoire de sa B.D. Maintenant, il ne se cache plus et c'est de plus en plus souvent que son père le surprend. Leurs relations sont de plus en plus mauvaises. L'enfant sent qu'il a perdu l'estime de son père, qui ne cache pas sa déception. A la lecture du dernier bulletin scolaire, il se contente de dire :

– Mon garçon, je crois que tu peux dire adieu à ton vélo tout terrain.

Puis il sort du salon, pâle, en claquant la porte.

Sa mère recoupe une tranche de cake qu'elle glisse dans l'assiette de Guillaume – qui a retrouvé son bon appétit. Néanmoins, elle tente de mettre en garde son fils.

– Il va finir par te punir, tu sais. Fais donc un effort... Mais qu'est-ce qu'il t'arrive ?

Peu à peu, le ton change à la maison. Le père sort de son habituelle réserve. Il se laisse aller à des colères dont il n'aurait pas supposé l'ampleur quelques mois plus tôt. Les résultats au collège sont maintenant franchement catastrophiques. Guillaume est très régulièrement puni dans sa chambre tous les dimanches. Rien n'y fait. L'enfant n'a qu'une seule idée en tête : prendre la mer, comme son frère. Il termine l'année scolaire très médiocrement ; c'est tout juste si on lui accorde le passage en cinquième.

Pour les grandes vacances, la famille rejoint la maison d'Étretat. Le père refait les peintures. Cette année, les volets sont repeints en bleu marine. Guillaume est mobilisé pour l'opération, mais il ne manifeste pas un grand enthousiasme et se révèle assez maladroit.

– Mon pauvre garçon, tu n'es même pas doué pour le travail manuel!

Guillaume, pourtant, est disposé à participer aux tâches d'entretien, car il aime beaucoup cette maison au bord de la côte. Il y a ici tellement de souvenirs avec son frère. Il l'aime surtout les jours de tempête, quand il a l'impression d'être en pleine mer. Il se lève dans la nuit, colle son oreille sur le lourd volet et se délecte des mugissements, des sifflements de la mer en colère.

D'emblée, son père fait une mise au point en jetant deux cahiers de devoirs de vacances sur la planche à dessin de Guillaume.

– Pas de plage, pas de mer, pas de balade, pas de dessin si tu ne te ressaisis pas, mon garçon!

Les premiers jours, Guillaume fait de son mieux. Il travaille tous les matins, révise pendant la sieste. Et puis, un jour, au début de la troisième semaine de vacances, il repousse livres et cahiers, donne un dernier coup de crayon de couleur à sa B.D. et sort, sans rien dire à personne.

Guillaume saute d'un rocher à l'autre, soulève une pierre couverte de vase, fait un petit barrage avec des galets plats, joue un instant avec un crabe égaré et le rejette loin dans l'eau. Il joue ainsi tout l'après-midi. Enfin, il décide de rentrer, à ce moment de la journée où une magnifique lumière baigne les falaises de couleurs sans cesse en mouvement. L'enfant n'est pas insensible à la beauté du crépuscule, lorsque la mer passe subitement du bleu à l'émeraude. Il aime capter cet instant où les mouettes indolentes s'approchent si près, ce moment où s'éveillent les odeurs du soir, mélange d'herbes sèches et d'air marin, si ténu qu'il lui donne envie de pleurer.

A une dizaine de mètres de la maison, Guillaume sort une cigarette d'un paquet de Camel que son frère a laissé traîner dans sa chambre. Il la porte à sa bouche sans l'allumer. Son père est sur la terrasse. L'enfant avance avec défi, la Camel au bec. L'homme se porte au-devant de son fils; il lui arrache la cigarette et le gifle sans dire un mot.

Pendant l'heure de la sieste, le lendemain après-midi, une déflagration terrible retentit dans la maison. Le père de Guillaume pense d'abord à la bouteille de butane dans le garage.

Au bas de la bande dessinée, l'enfant a écrit le mot « fin ». Comme son héros, il a porté le canon du revolver à sa bouche, il a regardé une dernière fois la carte sur le mur de sa chambre et il a tiré.

Guillaume avait onze ans.

Laure

– Il faut que tu saches tout de suite, ma petite : ici, on n'a pas le droit de parler, pas le droit de se regarder ! Ça fait perdre du temps...

Avec la contremaîtresse, les choses sont immédiatement claires, elle ne fait pas dans le détail. Cela fait trente ans qu'elle travaille dans cette conserverie de poisson en Bretagne ; elle est passée par tous les postes et elle tient toujours le même discours aux nouvelles.

– C'est une pète-sec, une peau de vache, ont coutume de dire les anciennes.

La contremaîtresse ne prête aucune attention aux commentaires que l'on peut faire à son sujet.

– Au deuxième avertissement, tu prends la porte ! Tu as droit dans la journée à un quart d'heure de repos au milieu de l'après-midi. On débauche à midi, pour reprendre à 13 heures. Il n'y a pas de cantine, tu as intérêt à amener ta gamelle...

Laure l'écoute attentivement. C'est tellement inespéré, pour elle, d'avoir ce boulot... C'est son premier vrai travail. Elle n'a que seize ans, mais elle en a annoncé dix-huit avec un tel aplomb, que personne n'a regardé de trop près.

– Et puis, c'est pas l'inspection du travail qui va nous emmerder. Il y a assez de chômage comme ça dans la région, dit la contremaîtresse.

Aussi, Laure est engagée avec un salaire de misère, mais qu'importe : son père est sans travail et c'est elle seule qui nourrit la famille, avec les allocations que sa mère perçoit pour les trois derniers. L'aîné est au service militaire.

– Heureusement, soupire le père, c'est toujours une bouche de moins à nourrir, parce que, celui-là, il a un sacré poil dans la main!

– Il a de qui tenir, ne craint pas de répondre Laure. L'adolescente tient tête fréquemment à son père, qui passe plus de temps au Café du Port qu'au bureau de l'Agence nationale pour l'emploi.

La situation familiale des parents de Laure pourrait passer pour caricaturale si les chiffres, les enquêtes des travailleurs sociaux ne témoignaient de la multiplicité effarante de ce type de cas dans la France d'aujourd'hui.

– T'es pas bien épaisse, fait remarquer la contremaîtresse.

Laure a un visage grave à l'ovale régulier; ses yeux ourlés de noir ont constamment une expression inquiète; elle se coiffe toujours avec une queue de cheval et ne s'habille jamais autrement qu'en jean.

Il est vrai qu'elle n'est pas bien costaud pour son âge. Elle ne s'est pas très bien remise d'un long séjour à l'hôpital après une tentative de suicide, il y a quelques mois. Elle a avalé un détergent, qui lui a considérablement abîmé la gorge et l'appareil digestif. C'est pour cela qu'elle parle toujours de cette petite voix cassée qui étonne tout le monde, dont la contremaîtresse, qui lui lance tout de go :

– Va falloir que tu lèves la voix si tu veux te faire entendre, avec le bruit des machines.

– Je croyais qu'on n'avait pas le droit de parler, laisse échapper l'adolescente.

– Entre vous seulement! précise la maîtresse femme. Si moi je te parle, tu dois me répondre.

Laure n'a jamais donné réellement d'explication sur sa tentative de suicide qui l'oblige également à se nourrir presque essentiellement de laitages. Les parents ont mis cet événement sur le compte de l'échec scolaire. Seul, son frère aîné en connaît la raison. Et pour cause, il en est responsable.

Un soir, en rentrant du bal passablement ivre, il a abusé de sa sœur.

L'adolescente a gardé pour elle ce douloureux secret. Aujourd'hui, elle vit dans l'angoisse d'une autre tentative de viol de son frère, quand il viendra en permission. Elle veut oublier, enfouir au plus profond d'elle ce terrible cauchemar qui revient souvent la hanter la nuit.

Elle revoit la silhouette sombre de son frère qui entre dans sa chambre et se penche sur elle.

– Qu'est-ce que tu veux, murmure-t-elle en allumant sa lampe de chevet qui diffuse une petite lumière rose.

– Chut! fait le garçon en titubant.

– Tu as bu! dit Laure.

Elle se redresse davantage sur son oreiller et ajoute :

– Va te coucher! Tu vas réveiller tout le monde.

– Chut!

Cette fois, il plaque sa main sur la bouche de sa sœur, renverse la lampe, qui s'éteint. Il pèse de tout son poids sur le corps de l'adolescente. Laure se débat, mais elle ne peut éviter le coup de poing qui lui écrase le visage.

Tout se passe alors très vite dans le noir. Les mains rudes de son frère lui écrasent la bouche et la poitrine. Il tire violemment sur la culotte de son pyjama, mord ses épaules, ses lèvres tuméfiées. Son haleine est chargée de tabac et de mauvais alcool. Laure a envie de vomir. Son frère lui écarte les cuisses à coups de genou et la pénètre brutalement en retenant un cri entre la souffrance et le plaisir. L'adolescente est sur le point de perdre connaissance. La douleur explose en elle. Son visage brûle, le bas de son corps saigne. Elle s'évanouit enfin.

En proie à ces cauchemars, Laure se réveille, étourdie, haletante, bouillante de fièvre.

« Pourrai-je oublier un jour? se demande-t-elle désespérément. »

Dans la conserverie, la contremaîtresse lui explique chaque poste. La visite guidée commence du côté des hommes.

– Ici, on coupe la tête et les nageoires dorsales des thons qui nous arrivent des côtes africaines.

Laure regarde l'homme qui se tient devant la scie à ruban. Vêtu d'un bleu de travail maculé de taches de sang, il décapite méthodiquement les poissons sans un regard pour l'adolescente. Près de lui, deux ouvrières écaillent et pèlent, avec de grands couteaux de cuisine, les thons aux peaux bleutées.

Il y a là une soixantaine de femmes. Toutes portent des blouses vertes, de longs tabliers de caoutchouc qui descendent sur des bottes blanches ou de gros sabots aux bouts renforcés. Leurs cheveux sont pris dans des poches de nylon transparent. Aucune d'entre elles ne lève la tête sur le passage de Laure. Seule, la contremaîtresse est habillée en blanc. C'est une grande femme aux cheveux gris abondants, qu'elle remonte en chignon, très haut. Son visage, aux pommettes saillantes, est très couperosé. Elle s'est composé, au fil des ans, une attitude rude, autoritaire.

– Elle en rajoute ! disent les filles à la chaîne.

Certaines prétendent même :

– Au fond, c'est pas une peau de vache.

Une vapeur d'eau chaude salée plane dans tous les coins de l'usine. Elle provient des cuves en ébullition qui servent à laver la chair des poissons.

– Ici, on coupe le thon en darnes, explique la contremaîtresse. Si t'es pas douée à la mise en boîte, je te mettrai là. Faut faire attention de pas laisser les mains, c'est dangereux.

La femme marque un temps, jauge l'adolescente et reprend :

– T'es maigre à faire peur. T'es sûre que tu vas me tenir les cadences ? Au début, il faut que tu me fasses au moins quarante boîtes par jour. Dans une semaine, j'en veux cent ! Le record, ici, c'est cent soixante-dix par jour... Il faut y aller. C'est pour ça que les filles n'ont pas le temps de discuter ou de bayer aux corneilles.

La voix de la contremaîtresse se perd dans le bruit des vieilles machines de sertissage.

Au milieu de la matinée, Laure est à son poste. Une vingtaine de femmes se tient de part et d'autre du tapis roulant sur lequel défilent les tranches de thon qu'il s'agit de mettre en boîtes en séparant la chair blanche de la chair grasse, impropre à la consommation.

L'adolescente n'ose pas regarder autour d'elle. La contremaîtresse ne la quitte pas des yeux, tout en allant de l'une à l'autre pour faire accélérer le rythme de production.

– Allez, allez, mesdames! on se dépêche!

Elle reprend des mains de Laure une boîte qu'elle juge mal remplie.

– Ça oui, ça non! fait-elle en séparant, de ses mains gantées de nylon transparent, les morceaux de poissons.

– Allez, ma fille, c'est pas compliqué. Il suffit de faire attention!

Sous sa blouse, Laure sent déjà la transpiration couler le long de son corps. Elle est si contractée qu'elle éprouve une douleur à la nuque.

« Je n'y arriverai jamais », se dit l'adolescente.

A midi, un coup de klaxon annonce la pause. Le bruit des machines s'arrête instantanément. Il y a une fraction de seconde durant laquelle les ouvrières se regardent enfin, en silence, et soudain elles se mettent à parler toutes en même temps. Elles sortent de la conserverie par la grande porte, du côté des cuves autoclaves où les conserves sont stérilisées. Laure reste un moment sans bouger. Elle tente de reprendre son souffle et de se libérer de cette douleur persistante dans la nuque.

– Tu viens? Tu ne vas pas rester là. La vie est plus belle, dehors. Je m'appelle Janine, et toi?

– Laure.

L'adolescente se laisse entraîner. Janine est une femme d'une quarantaine d'années, blonde, élancée. En un autre lieu, on ne la prendrait pas pour une ouvrière. Seuls, ses traits fatigués témoignent de son état.

Elles sont maintenant sur le muret qui surplombe le petit port, face à la conserverie. En cette première semaine de juillet, l'endroit a retrouvé son ambiance estivale.

– Ils ne s'en font pas, ceux-là, fait Janine en montrant d'un hochement de tête des vacanciers qui déambulent sur les quais.

Sa voix est couverte un instant par le bruit d'un moteur de bateau de pêcheur qui s'en va relever des casiers. Elle reprend sur un ton cinglant, qui dit bien sa colère :

– Ça fait exactement cinq ans que je n'ai pas pris de vacances! Tout ça pour six mille balles par mois...

Laure, qui écoute les lamentations de l'ouvrière, n'ose pas lui dire combien ce travail est inespéré. Et qu'il n'est pas question pour elle de se plaindre. Elle regarde de l'autre côté de l'anse, là où le ciel est cotonneux sur une mer presque noire. De temps à autre, une vague laisse un trait blanc entre les bouées vertes et rouges, à l'entrée du port. Laure éponge son front encore mouillé de sueur.

– Tu te rends compte comme on sent mauvais, reprend Janine en reniflant son avant-bras.

La jeune fille fait non de la tête.

– Tu t'es déjà habituée, constate l'ouvrière.

Elle se frotte énergiquement les cheveux et ajoute :

– C'est fou ce qu'on se fait vite à la merde, à la misère.

Elle tourne la tête plusieurs fois vers le port, puis vers l'usine.

– C'est dingue, quand même, ici, continue-t-elle. D'un côté, on bosse comme des nègres, de l'autre, côté touristes, on bronze pour être noir comme un nègre...

Laure admet que le décor alentour contraste terriblement avec celui de l'usine. Il a tout pour inspirer les peintres : les quais sont bordés de jolies maisons blanches aux volets bleus, toutes magnifiquement fleuries d'hortensias, de roses, d'aubépines. L'alignement des toits en ardoises s'étend paisiblement jusqu'au bras de mer en cul de sac. On y découvre, à marée basse, les squelettes couverts d'algues et de boue, de vieilles embarcations de chalutiers. Ces épaves font le bonheur des chasseurs d'images.

– T'en veux?

Janine sort une pomme de la poche de son tablier.

– Je veux bien, répond Laure de sa petite voix. J'ai rien à manger. Je pensais que j'aurais eu le temps de m'acheter une crêpe.

L'ouvrière sort une deuxième pomme qu'elle croque avec avidité.

– Faut manger, ma fille. Sinon, tu ne tiendras pas le coup, ici.

Janine passe une main dans ses cheveux, en se grattant nerveusement.

– Ce plastique sur la tête, ça donne des pellicules, c'est dingue!

Elle marque un temps, jette le trognon dans l'eau verte du canal et ajoute :

– Remarque, moi non plus, je ne mange pas beaucoup. Je fais le régime.

– Ah? fait Laure, étonnée. T'es pas bien grosse non plus, pourtant...

– Je le fais pour être belle sur la plage, le dimanche.

Janine pouffe de rire. Laure la regarde avec curiosité. Elle ne s'explique pas l'hilarité soudaine de l'ouvrière.

– Je plaisante, fait-elle soudain.

Sa voix est grave, à présent.

– Tu parles, comme je vais à la plage le dimanche! Je suis tellement crevée que je pense qu'à dormir.

Elle se gratte une nouvelle fois la tête.

– Et puis, c'est le seul jour où on peut faire l'amour avec mon mari. Le soir, dans la semaine, j'en peux plus. Voilà ce qui t'attend, ma fille, si tu restes ici... T'étais vraiment obligée de venir bosser dans cette turne?

La question de Janine surprend l'adolescente. Elle répond, avec une pointe de colère dans la voix :

– Qu'est-ce que tu crois? Que je suis étudiante? Que je fais un petit boulot pour l'été?

Laure croque une dernière fois dans sa pomme et ajoute plus calmement :

– Je suis la seule à faire bouillir la marmite, chez moi...

Une moue crispée referme son visage. Janine regarde la jeune fille avec beaucoup de tendresse et se décide à parler d'autre chose.

– D'habitude, dit-elle, on ne reste pas là, sur le muret... On se change vite fait et on va au Café du Port boire un thé en mangeant un gâteau. Des fois, on nous prend pour des touristes avec ma copine Josiane. On laisse faire, ça nous faire rire.

Janine aimerait voir un peu de joie sur le visage de l'adolescente. Elle devine en elle bien des douleurs dont elle ne parlera pas.

– Elle n'est pas là, ton amie Josiane? demande Laure.

– Elle était au sertissage et elle a craqué, la Josiane. Elle a fait une déprime, explique Janine.

Elles resteront ainsi à bavarder, tout le temps de la pause. Dans l'après-midi, Laure commencera à mieux se débrouiller à son poste, elle accueillera pourtant la fin de la journée avec un gros soulagement.

A peine arrivée chez elle, Laure s'est allongée sur son lit et s'est aussitôt endormie. Sa famille vit dans une ancienne maison de pêcheurs vétuste, étroite, presque insalubre, à la sortie du bourg. Cependant, Laure a la chance d'occuper seule une petite chambre. La tapisserie est, par endroits, rongée par l'humidité; il y a de larges fissures au plafond et il manque un carreau à une fenêtre, sur laquelle le père s'est contenté de fixer un morceau de carton avec des punaises. Qu'importe, l'adolescente apprécie son indépendance.

L'électricité a été coupée, il y a un peu plus de quinze jours. On attend le premier salaire de Laure pour payer. Cette absence de courant complique singulièrement la vie de la maison. Même en été, l'eau est fraîche dans l'habitation, mais Laure n'hésite pas à se doucher sous le jet glacé.

– Tu vas m'attraper une pneumonie, s'insurge sa mère, chaque fois que l'adolescente fait sa toilette.

Quand on lui fait cette remarque, Laure répond vivement :

– C'est pas parce qu'on vit dans un trou à rats que je vais rester crasseuse!

Il n'est pas question non plus de faire chauffer de l'eau sur la cuisinière. La bouteille de butane est essentiellement réservée à la nourriture.

Les cris de sa mère ont fini par la réveiller, juste avant le repas. Laure se lève, tout engourdie de fatigue. Elle entre dans la pièce commune. Des meubles sont renversés, des débris de verres et d'assiettes jonchent le parquet. Son père est affalé dans un fauteuil devant le poste de télévision éteint et tient à la main la télécommande, qu'il manipule en tout sens. Il a bu, visiblement.

– Ça marche jamais, ce machin-là, bafouille-t-il.

– Comment veux-tu que ça fonctionne sans électricité, abruti! dit sa femme en se précipitant vers sa fille.

– Tu sais ce qu'il m'a fait? Tu sais ce qu'il m'a fait, Laure?

L'adolescente ramasse une chaise renversée et pousse du pied un sac à provisions vide.

– Calme-toi, maman! Arrête de crier, supplie l'adolescente.

La mère de Laure est dans un tel état d'énervement qu'elle ne l'entend même pas. Ébouriffée, rouge de colère, elle revient à la hauteur de son mari et le gifle avec une force étonnante chez une si petite femme. L'homme reçoit les coups sans réagir, se contentant de se tasser sur son fauteuil. Il n'est pas très costaud, lui non plus, et il ne lui est jamais venu à l'esprit de se rebeller quand il arrive quelquefois à son épouse de lever la main sur lui.

– Il m'a volé les allocations! Comment on va faire pour manger? Comment on va faire? hurle la mère de Laure en frappant de plus en plus fort.

– Arrête, maman! crie à son tour l'adolescente.

Elle s'intercale entre son père et sa mère, que rien ne semble pouvoir apaiser.

– J'avais des dettes, balbutie le père. Il fallait bien que je paie.

– T'as qu'à pas aller au bistrot, et t'en auras pas, des dettes.

La mère se fatigue, et Laure parvient enfin à l'éloigner de son père. La femme s'effondre en pleurant sur la table de la cuisine. Le père tente de se relever. Il tourne la tête et, d'un air pitoyable, lance à sa fille :

– T'as qu'à demander une avance, toi, la travailleuse!

– C'est ça! répond Laure, après la première journée de boulot! C'est la meilleure façon de se faire virer!

Elle jette un coup d'œil en direction de sa mère, puis revient vers son père et se met à crier brutalement :

– J'en ai marre de cette baraque! J'en ai marre de vous!

Laure sort en courant de la maison. Elle voudrait effacer de sa tête ces images d'une mère hystérique, au visage déformé par la colère, la haine, et les images de ce père au corps détruit par l'alcool, la misère, le renoncement.

Il fait un drôle de temps, dehors. Il pleut légèrement et il fait soleil, un soleil couchant qui s'étire longuement en laissant une traînée rouge et grise au-dessus du chemin côtier. Laure marche lentement vers le Café du Port. Elle veut savoir ce qu'il en est des dettes de son père. Elle se sent lasse de porter la famille à bout de bras, et c'est bien elle, en réalité, qui gère la maison. Elle s'occupe entre autres choses de toutes les démarches administratives. « On n'y comprend rien », se contentent de dire ses parents. Alors, depuis l'âge de douze ou treize ans, l'adolescente s'occupe des feuilles de sécurité sociale ou des dossiers d'allocation de chômage pour son père. Elle paie également le loyer et les commerçants qui font crédit.

Laure pousse la porte du café. Il n'y a plus grand monde : au comptoir, deux pêcheurs achèvent une partie de dés; deux jeunes garçons jouent au baby-foot au fond de la salle. La patronne donne un coup de balai en jetant des poignées de sciure sur le carrelage. C'est une grande femme longue, osseuse, aux cheveux blancs remontés en chignon, au beau visage rose, éclairé par des yeux clairs, intelligents. Elle est habillée d'un tablier gris avec des motifs en losanges, qu'elle a mis par-dessus une blouse verte. Bien que septuagénaire, elle dit toujours :

– Je ne sens pas les ans. Je porte la boutique toute seule.

Au fond, Mme Legallec aimerait bien passer la main à son fils unique, mais ce dernier a une bonne situation à Concarneau, et il n'ambitionne pas de reprendre la petite affaire.

Laure embrasse la patronne et les deux garçons très absorbés par leur partie.

– Quel bon vent t'amène à cette heure, ma petite Laure? demande gentiment Mme Legallec, qui a remarqué immédiatement l'air maussade de l'adolescente. Je te sers quelque chose?

– Un café, murmure Laure.

– Fais-toi donc un peu de place sur la terrasse! suggère la patronne.

Laure se dirige vers la seconde pièce du bistrot. C'est

une grande pergola – entourée d'une baie constituée de fenêtres à petits carreaux – qui surplombe le port. De là, le point de vue est magnifique. L'endroit est généralement réservé à la clientèle touristique. Les gens du pays, eux, restent au comptoir. Ici, rien n'a changé depuis plus de trente ans. Les marines aux murs, qui représentent des grosses pêches en haute mer au début du siècle, sont toujours les mêmes. Le buffet en formica n'a pas bougé.

Le petit déjeuner des pensionnaires est déjà mis en place. Il est servi dans des bols en Pyrex marron, sur des napperons rectangulaires en papier blanc gaufré. Laure aime cet endroit. Quelquefois, le matin, après une longue balade sur la falaise par mauvais temps, elle vient s'y réchauffer en prenant son petit déjeuner, suivant un rituel immuable. Elle a plaisir à retrouver la noix de beurre salé et les trois morceaux de sucre – le tout posé sur des coquillages qui servent de beurrier et de sucrier –, le couteau et la cuillère en inox qui résistent au temps. Le café, très léger, coupé plusieurs fois dans la matinée, est servi dans un pot en grès, qui a gardé de longues empreintes de résidu de marc. Laure se délecte du mélange étrange des tartines couvertes de beurre salé et de confiture d'abricot. Il y a ici des odeurs chaudes, apaisantes qui font beaucoup de bien à l'adolescente.

– Alors, qu'est-ce qui va pas? demande la patronne en déposant devant elle une nouvelle tasse de café en Pyrex.

Laure souffle sur le liquide noir trop chaud.

– Vous savez avec quoi il vous a payé, mon père?

Mme Legallec passe une main noueuse dans sa chevelure blanche. Elle n'a pas lâché le torchon à carreaux rouges et blancs avec lequel elle essuie machinalement le plastique des tables.

– Comment veux-tu que je sache, ma fille?

– Il a pris les allocations à ma mère...

Laure marque un silence et ajoute, de sa petite voix, comme un appel de détresse :

– Faut plus le servir quand il n'a pas d'argent, Mme Legallec...

La patronne, embarrassée, a un geste d'impuissance et astique une nouvelle fois la table.

– T'es marrante, toi. Je vais pas fermer ma porte aux clients!

A travers les larges verrières, le jour décline à grande vitesse. En bas, sur le quai, les pêcheurs embarquent sur les petits chalutiers. Leurs rires, leurs réflexions montent jusqu'à la terrasse. Mme Legallec entrouvre une fenêtre et lance d'une voix bien timbrée :

– André, tu me mets cinq kilos de langoustines de côté! Tu n'oublies pas comme l'autre jour!

Elle referme la fenêtre, revient près de Laure et lui passe la main sur les cheveux en lui lançant une œillade complice.

– Je vais tenter de le raisonner. En attendant, je vais te rendre la moitié de ce qu'il m'a donné. Tu me rembourseras quand tu auras ton premier salaire...

– Vous êtes gentille, madame Legallec, dit Laure, qui a du mal à dissimuler son émotion.

La patronne sort de la pièce et revient quelques instants plus tard avec une enveloppe qu'elle tend à l'adolescente.

– Allez, va!... Donne ça à ta mère!

A 10 heures, quand Laure sort du café, le brouillard a succédé à la pluie, c'est tout juste si on voit à cinquante mètres. Le phare laisse encore une légère traînée rougeâtre au bout de la jetée. Depuis un moment, on entend le mugissement lancinant de la corne de brume, au large. C'est le seul bruit qui perce le silence de la nuit. Un instant, le brouillard se dissipe, et revient soudain par vagues, ceinturant les maisons, la végétation, les lampadaires alentour.

– On peut pas dire que tu fais attention à moi!

La voix que Laure entend derrière elle est essoufflée. Elle se retourne. David, un des garçons qui jouaient au baby-foot, se rapproche d'elle. Il a dix-huit ans, les cheveux coupés ras et porte un anneau d'argent à l'oreille. Il est habillé d'un blouson noir en vynile, d'un jean et d'une paire de bottes aux talons biseautés. Il affirme qu'il s'agit de vraies mexicaines. David est amoureux de Laure. Lui aussi travaille en usine.

– T'as vu comment tu m'as embrassé, tout à l'heure? dit-il en saisissant l'adolescente par le poignet droit.

– Je veux pas que les gens sachent, pour nous, c'est tout! Lâche-moi, tu me fais mal.

David libère son étreinte.

– C'est pas une raison pour embrasser dans le vide! Je déteste ça, qu'on plaque sa joue et qu'on fasse le bruit du baiser avec les lèvres... C'est con!

David prend l'adolescente par le cou et l'embrasse à pleine bouche. Laure ne résiste pas.

– C'est comme ça que je veux, murmure David.

Ils s'étreignent longuement, indifférents aux voitures qui klaxonnent ou qui font des appels de phares en passant près d'eux. Il se remet à pleuvoir légèrement. Sur le chemin du retour, Laure, en se pressant contre le garçon, raconte sa première journée à la conserverie et évoque enfin les histoires à la maison.

– Fous le camp de chez tes vieux! suggère David.

– Pour aller où? Et les petits, qu'est-ce qu'y vont devenir si je ne suis pas là? répond Laure dont le visage est empreint d'un chagrin qu'elle retient en reniflant par saccades.

Juste avant d'arriver chez elle, le garçon tente de l'entraîner du côté du vieil abri à bateaux où ils ont l'habitude de se cacher. Ils s'embrassent encore un long moment. David voudrait aller plus loin. Laure résiste une nouvelle fois.

– Pas maintenant, dit-elle.

– Quand, alors? C'est chaque fois pareil... Tu ne m'aimes pas, proteste le garçon.

Il donne un coup de pied sur un vieux pneu qui sert de protection pour les flans d'un voilier.

– Tu vas abîmer tes Santiags! dit Laure en souriant.

David se baisse et lustre avec la manche de son blouson la pointe effilée de sa botte. Laure se penche vers lui et dit très tendrement :

– Je t'aime, mais c'est trop tôt... Je ne prends pas la pilule.

David se relève et plaque le corps de l'adolescente sur la porte en bois vermoulu de l'abri. Un instant, elle croit voir dans les yeux de David quelque chose du regard de son frère aîné. Elle prend peur. Sa voix tremble.

– Laisse-moi, sois gentil... Pas ici... Laisse-moi, David!

Le garçon défait son étreinte et donne un nouveau coup de pied dans le pneu.

Il fait noir à présent. La nuit envahie par la brume est plus épaisse encore. L'humidité mouille les cheveux de l'adolescente. David ne parvient pas à se résoudre à lui lâcher la main. Ils restent encore un long moment, silencieux, devant la porte de la maison de Laure.

Les boîtes de thon défilent trop vite. Elle n'en peut plus, Laure. Elle n'arrive pas à trouver la bonne cadence. La contremaîtresse est toujours sur son dos.

– Elle m'a prise en grippe, je ne sais pas pourquoi, dit l'adolescente.

Janine, sans lever les yeux, tout à côté de son amie, devant le tapis roulant sur lequel s'accumulent les conserves, hausse les épaules et lance en murmurant :

– C'est parce que t'es jeune, et qu'elle c'est une vieille peau que la ménopause guette.

– Janine, je t'ai vue! Premier avertissement!

La voix de la contremaîtresse cingle depuis l'autre extrémité de la chaîne. L'ouvrière a senti le regard froid de la chef, qui agite à bout de bras le carnet noir sur lequel elle note au crayon les noms de celles qui sont prises en faute.

Laure travaille à la conserverie depuis près de trois mois maintenant. Elle a déjà eu, elle aussi, deux avertissements, un premier pour un retard et le second pour avoir osé lever la tête.

La contremaîtresse s'approche d'elle. Laure sent le souffle de la matrone sur son cou qui, d'une voix sourde, presque masculine, dit :

– Pas étonnant, ma fille, que tu ne me les fasses pas, les cent boîtes par jour! Tu as tout le temps la tête en l'air. Ça ne peut plus durer comme ça, je te préviens!

C'est la pause de 4 heures – juste quinze petites minutes pour récupérer. La plupart des ouvrières sortent respirer un peu près du parapet qui donne sur le port. Aujourd'hui, Laure reste à son poste de travail, comme les plus anciennes qui semblent rivées à leurs établis et ne profitent même pas de ce moment de répit. L'adolescente n'a pas la force de bouger. De jour en jour, elle trouve sa tâche de plus en plus pénible. Après les grandes marées, le temps est devenu très humide et, depuis quinze jours, Laure a une mauvaise toux.

– Il faut que tu te fasses arrêter, ne cesse de lui répéter Janine.

– Si je m'arrête, tu sais bien qu'ils vont trouver un prétexte pour me remplacer. Et puis, c'est tellement la zone, chez moi. Tu sais bien que je suis la seule qui rapporte de l'argent.

– Tu seras la seule au cimetière, si tu continues, oui, reprend son amie.

A son poste, Laure tente de retenir sa toux le plus possible, pour ne pas trop éveiller l'attention de la contremaîtresse. Mais celle-ci n'en finit plus de harceler l'adolescente et n'est jamais satisfaite de son rendement.

– Ma petite, ça ne va plus! T'as pas trouvé le rythme. Je te donne une dernière chance : tu vas aller avec le vieux Louis, aux épices. Tu l'aideras à préparer les sauces pour les sardines.

Laure se lève aussitôt et enlève son grand tablier en caoutchouc vert, tandis que la contremaîtresse lui fait signe de la suivre. Elles traversent ensemble toute la conserverie. Laure constate une fois de plus que les hommes ne sont pas les seuls attachés aux postes dangereux : près des autoclaves, l'adolescente a tout le temps de voir des ouvrières qui circulent sans protection au-dessous des lourds palans transportant des tonnes de boîtes de conserve qui sortent de la stérilisation. Elles manipulent, à la seule force de leurs bras, des centaines de kilos de charges multiples sans aucun vêtement ni chaussures de protection. Le bruit est infernal.

Derrière les gigantesques chaudières rouillées par le sel, et qui ont toujours l'air de vouloir rendre l'âme, Laure débouche dans un long couloir qui conduit vers un petit entrepôt. La contremaîtresse pousse la porte. Une forte odeur d'épices prend immédiatement le nez. Laure tousse à s'arracher la gorge.

– Qu'est-ce qui te prend, ma fille? fait la femme en lui tapant dans le dos pour calmer sa toux.

Laure reprend peu à peu son souffle. Des gouttelettes de transpiration perlent le long de son nez.

– Tiens, Louis, je t'amène une nouvelle! fait la

contremaîtresse en poussant légèrement Laure dans la pièce.

– Encore une! soupire l'homme.

Louis, qui n'a pas soixante ans, pourtant, ressemble à un vieillard au visage glabre. Il est usé par l'alcool, les nuits sans sommeil; ses cheveux sont épars sur une drôle de tête pointue. Il a lâché la pêche pour la conserverie; la mer devenait trop dangereuse pour lui.

Des sacs en toile de jute, en provenance d'Afrique pour la plupart, sont posés tout autour des murs.

La contremaîtresse à peine sortie, Louis lance de sa voix éraillée :

– Elle t'a pas fait un cadeau, ma fille, la vieille peau de vache!

Laure sourcille pour marquer son étonnement. Le préposé aux épices poursuit, avec un sourire énigmatique :

– Ici, apparemment, ça donne l'impression d'être mieux. En fait, on s'habitue pas. L'odeur, c'est terrible, ça donne mal à la tête. Ces saloperies, ça file des boutons.

De sa main couverte de petites plaques rouges, il lui indique les sacs.

– Là, piment de Jamaïque : c'est fort... à réveiller un mort. Ici, coriandre, clous de girofle. Là, poivre noir... dégueulasse, paprika et safran. Tout ça mélangé, ça fait mal aux yeux, à la gorge. Ça donne soif.

Aussitôt, le vieux Louis sort de dessous un établi une bouteille de vin blanc dissimulée sous un amas de chiffons.

– T'en veux un coup? fait-il en la tendant à Laure.

Elle décline son invitation d'un mouvement de tête.

– T'es bégueule, ma fille, dit Louis avec un regard qui n'a rien de sympathique.

Il boit à même le goulot, sans prendre le temps de respirer.

Jusqu'au soir, Laure fait son apprentissage auprès du vieil homme. Avant de quitter l'entrepôt, elle est prise d'une terrible quinte de toux, qui témoigne violemment de son allergie aux odeurs environnantes. Louis lui conseille de manipuler les graines et les divers produits en mettant un chiffon mouillé autour de sa bouche et sur son nez.

Ce samedi soir, c'est la fête du port. La journée a été magnifique, en cette fin de mois de septembre. Le bal se tient devant la salle des fêtes, près de la halle aux poissons. Un orchestre de la région est installé sur une longue remorque de tracteur. Laure, en compagnie de David, fait le tour des stands où tous deux goûtent aux produits régionaux.

Ils prennent place un moment sur le bord du quai, les jambes dans le vide.

La lune cherche sa place entre les nuages gris qui s'étirent au-delà du phare. La marée est basse et la plupart des bateaux sont couchés sur le flanc, tous inclinés dans le même sens. La nuit est très claire.

– La tête me tourne, je crois que j'ai trop bu de cidre, dit Laure.

– Tant mieux! répond David en riant, si tu es pompette, je pourrai plus facilement abuser de toi.

Le visage de l'adolescente se referme brutalement. Elle pense soudain à son frère aîné.

– Ne plaisante pas avec ça! fait-elle en penchant la tête sur l'épaule du garçon.

Un instant, elle songe à tout lui dire, à tout lui raconter, puis elle se ravise.

– Regarde le cormoran sur la proue du chalutier! dit David avec l'enthousiasme d'un enfant.

Le palmipède s'envole en poussant des cris qui se perdent dans les flonflons du bal.

– Viens, on va danser! propose Laure en prenant David par la main.

L'orchestre vient de reprendre un succès de Claude François. L'adolescente fredonne en se serrant contre son cavalier. Soudain, peut-être à cause de l'humidité, elle est prise d'une violente quinte de toux.

David, inquiet, lui propose de la raccompagner. Sur le chemin du retour, c'est Laure qui l'invite à s'arrêter sous l'abri à bateaux.

– T'es sûre que tu vas bien? demande le garçon avec beaucoup de sollicitude.

– C'est passé. Ce n'est rien... Embrasse-moi!

Ce n'est pas David qui précipite les choses. Laure a

toutes les initiatives, avec une frénésie qui surprend énormément son jeune compagnon. Dans la clarté bleutée du petit abri, elle se donne à lui avec passion et tendresse.

Laure résiste encore un mois à la conserverie, puis il lui faut prendre un congé de maladie. Elle récupère vite, pourtant. Dix jours plus tard, elle reprend son travail mais, à la fin de la première journée, la contremaîtresse lui annonce son licenciement, prétextant un manque de rendement. Elle lui rappelle qu'elle l'a testée à tous les postes mais que, devant ses incapacités, l'entreprise est contrainte de se passer de ses services.

Laure se retrouve sur le quai profondément choquée malgré le soutien de son amie Janine. La perspective du chômage l'ébranle considérablement.

Le lendemain, Laure a rendez-vous chez le médecin. « Les pépins, pense-t-elle, ça s'accumule tout le temps. » Elle apprend qu'elle est enceinte. Compte tenu de sa nervosité, le docteur lui prescrit des calmants. En rentrant chez elle, Laure ne dit rien à personne. Dans la nuit, elle entend son frère aîné rôder dans le couloir. Elle tire le verrou et bloque la porte avec une chaise. Puis elle absorbe en silence tout les cachets du tube.

Vers minuit, le frère aîné force la porte. Il trouve sa sœur en proie à de terribles vomissements. Elle le regarde, effrayée, et tombe dans le coma.

Quand Laure reprend connaissance à l'hôpital, elle est surprise de voir au-dessus d'elle ce visage si serein, cette couronne douce de cheveux blancs, ce regard si clair, plein de tendresse... Mme Legallec, la patronne du Café du Port est venue la première, quand elle a su. Laure esquisse un léger sourire et tourne la tête vers la fenêtre. Elle sent une autre présence. Sur une chaise en plastique vert, David triture nerveusement la revue de moto qu'il tient dans la main. Ses yeux sont mouillés.

– C'est arrangé avec tes parents, murmure la vieille femme. J'ai besoin de quelqu'un, aù café... T'auras ta chambre.

Elle tourne la tête vers David et ajoute en fronçant démesurément les sourcils :

– Et puis, ce bon à rien nous aidera aussi ! Il va falloir qu'il grandisse vite pour devenir papa... Toi, je suis sûre que tu seras une bonne mère.

– Tu nous as fait peur, tu sais, dit David.

Nadia

La bande de lycéens traverse joyeusement le marché des Capucins, très animé, comme tous les matins, par les cris exubérants des marchands de légumes et de fruits. Ce marché, on ne l'évite pas, à Marseille, on ne le contourne pas. Que l'on soit autochtone ou touriste, on s'y promène pour ses odeurs de melon, de pêche, de safran; on va encore aux Capucins pour écouter les derniers cancans, les rires à gorges déployées des femmes aux poitrines larges et blanches, les réflexions pittoresques ou ces véritables incantations qui font du moindre agrume un trésor rare.

Une voix, parmi les autres, perce le brouhaha. Elle est plus aiguë, plus haute. C'est la voix d'un enfant d'une dizaine d'années, un petit rouquin frisé qui porte devant lui un grand tablier en cuir usé, craquelé. Il hèle les clients sur une mélopée qui hésite entre le chant et le cri :

– Elle est belle, belle, belle, ma tomate de Plan-de-Campagne! clame-t-il sans répit.

Une des filles de la bande lui fait un clin d'œil au passage. Le petit rouquin en bafouille d'émotion. Les lycéens s'engagent du côté de la rue Saint-Ferréol, dans laquelle se dissipent les dernières rumeurs marchandes. Le groupe traverse maintenant la Canebière.

– Ah non! on ne passe pas par le cours Belsunce! Il y a trop d'étrangers, ça craint! lance une des adolescentes.

Elle a quinze ou seize ans, des yeux verts, le teint

clair, les cheveux châtains coupés court et un drôle de petit nez, légèrement en trompette. Elle est vêtue d'un jean délavé, troué aux genoux parce que c'est la mode, et d'une chemise blanche trop grande pour elle, vraisemblablement empruntée à un grand frère.

– Dis donc, Nadia, t'es gonflée, répond un garçon. Une Algérienne qui n'aime pas les blacks et les beurs, on aura tout vu!

Nadia hausse les épaules, s'arrête et se plante devant son copain avec un air de défi.

– Je suis française, tu comprends ça? Française, autant que toi!

– Tu rigoles ou quoi? reprend le garçon. Ton père et ta mère sont quand même arabes, non?

– Oui, et alors? Moi j'y ai jamais foutu les pieds, en Algérie et, en plus, mon père, il est kabyle. C'est différent.

Ils se sont tout de même engagés dans ce quartier, et c'est au milieu de cette population colorée que les adolescents poursuivent leur discussion.

– C'est peut-être différent, mais la Kabylie c'est toujours l'Algérie, que je sache! ajoute le lycéen, qui cherche à provoquer la jeune Nadia.

– Peut-être pas pour toujours, dit-elle.

– C'est ça! Vous êtes les Bretons d'Algérie!

– Moi, je m'en moque. Je ne suis pas algérienne, insiste l'adolescente.

Il est vrai que rien n'indique dans le physique et le comportement de Nadia ses origines maghrébines. Aussi, elle ne les affiche pas. Plus encore, elle fait tout pour les dissimuler. Elle est la dernière d'une famille de quatre enfants. Elle a trois frères : Ali, vingt-sept ans, Karim, vingt-quatre ans et Rachid, dix-sept ans. Son père, Bachir, coffreur en bâtiment, est originaire de Azazga, près de Tizi-Ouzou. Il est venu en France après l'indépendance. Grand, mince, cheveux poivre et sel, vif, le visage osseux, les yeux clairs, il a un très léger accent. Il faut qu'il parle pour qu'on parvienne à identifier sa nationalité. Seule, la mère reste attachée aux habitudes, au mode de vie de son pays. Elle porte toujours des robes longues et un voile cache ses cheveux qu'elle continue de teindre régulièrement au henné.

A la maison, le père et la mère parlent arabe. Les jeunes comprennent, mais ils s'expriment mal. Seul, l'aîné, qui a fait le choix du retour au pays, a tenu à pratiquer la langue maternelle. Il vit aujourd'hui à Alger et il a un bon emploi dans l'administration. Il est marié et a deux enfants, élevés dans la tradition musulmane. Avant son départ – Nadia était encore petite –, il incitait la famille au rapatriement. Elle l'entendait dire très souvent :

– Mais qu'est-ce qu'on fait ici ? On nous méprise. On est juste bon à faire les sales boulots. On se fait traiter de tous les noms. On est de plus en plus confrontés au racisme !

Son père, calmement, à table, tentait d'apaiser la révolte, le sentiment d'injustice de son aîné. Il répétait sans cesse, parce qu'il savait que cela se disait partout dans le monde :

– La France, mon fils, c'est le pays des libertés et des Droits de l'homme. Elle nous a accueillis, on doit la respecter.

Il ajoutait avec sagesse et générosité :

– Vous, mes enfants, vous ferez comme vous voudrez. Moi, je serai content si vous êtes contents de retourner au pays.

Pendant plusieurs années après le départ du fils, il n'y a plus eu ce genre de discussion à la maison. Avec l'adolescence des deux derniers garçons, elles ont repris progressivement. Jusqu'à présent, et peut-être parce que trop jeune, Nadia n'y participait pas. Aujourd'hui elle dit encore, comme si elle cherchait à se convaincre :

– Je ne suis pas concernée... pas du tout !

Pourtant, par le biais de l'actualité, elle se sent contrainte d'évoquer la situation du pays de son père. Il est vrai aussi que les amis de lycée la sollicitent pour en parler.

Ils sont là, groupés à la terrasse de leur bistrot habituel ; ils se sont déchaînés au flipper – Nadia a gagné trois parties. La discussion s'est ouverte sur une provocation de Titus, un grand échalas de terminale, plein d'humour. Il passe pour l'intellectuel de la bande.

Au moment où Nadia commande une bière, il lance, en forçant son esprit critique :

– Si les islamistes te voyaient boire de la bibine...

– Que veux-tu que ça me fasse? répond Nadia. Je suis pas algérienne, et j'ai seize ans.

Le garçon de café pose son verre devant elle. Nadia boit avec délectation et s'essuie la lèvre du revers de la main.

– C'est vrai, reprend Titus, qu'à seize ans on prend la pilule, de nos jours. Au fait, Nadia, tu la prends, toi?

– Qu'il est con, ce mec!

La bande éclate de rire devant l'embarras de l'adolescente. Titus ne la lâche plus.

– Mais, à ton père, tu préférerais lui dire que tu bois de l'alcool ou que tu prends la pilule?

A son tour, Nadia pouffe de rire.

– Ni l'un ni l'autre, c'est sûr! Mais, pour l'alcool, Cécile non plus n'a pas le droit d'en boire, chez elle.

Elle se tourne vers son amie, qu'elle interroge du regard.

– C'est vrai, dit Cécile, j'ai pas droit à l'alcool, mes parents considèrent que je suis trop jeune.

– Ben, moi, c'est pareil, reprend Nadia. Et je dirais aussi, Titus, que les islamistes j'en ai rien à foutre.

Titus allume une cigarette, soudain très sérieux. Il en rajoute visiblement dans l'attitude de l'étudiant informé.

– En attendant, ça ne rigole pas en Algérie, depuis les dernières élections. Il remet en place ses petites lunettes et poursuit :

– J'ai lu dans *Le Monde* que des femmes célibataires, ou jugées trop libres, ont été agressées à Blida. Elles ne peuvent pas aller dans les bars et se font insulter dans la rue si elles fument.

A son tour, Nadia affiche un air grave qui semble étonner ses camarades.

– L'intégrisme, en Algérie, je pense que c'est une mode. Ça ne durera pas.

Elle allume une cigarette, qu'elle emprunte au paquet de son amie Cécile.

– Ça ne durera pas, parce que les Algériens, le peuple dans sa grande majorité, ne le souhaitent pas.

La gravité inattendue de Nadia n'a pas échappé à Titus. Il rompt soudain le sérieux de la discussion en applaudissant très fort.

– Dis donc, Nadia, pour quelqu'un de pas concerné, tu t'emballes bien vite!... Allez, va, au fond tu te sens algérienne. C'est vrai, quand on te voit, tu fais pas beur, mais chez toi, t'es de là-bas?

Nadia rejette nerveusement une longue bouffée. Une fois de plus, elle est agacée par les réflexions de Titus.

– Chez moi, c'est chez moi... c'est autre chose! Mes parents vivent comme ils veulent. Ils font le ramadan, mais ils sont pas intégristes.

– Et tes frères? demande Cécile.

– Eux, ils me prennent la tête de plus en plus. Ça n'a pas l'air de leur déplaire, ce qui se passe en Algérie. Ce sont des machos, de toute façon! Eux, ils ont le droit de tout faire, ils vont en boîte, ils picolent. Ils prétendent que je ne suis pas pure, et je dois leur rendre des comptes!

Nadia lève son verre et lance avec une sorte de provocation qui amuse ses copains :

– A la santé des cons!

Loin de ses amis du lycée, Nadia appréhende le retour à la maison. Quand elle arrive dans l'appartement que la famille occupe depuis vingt-cinq ans, dans une cité au nord de Marseille, c'est Rachid, le plus jeune des garçons, qui parle le premier.

– Surtout, tu te gênes pas, hein! Tu rentres quand tu veux! Il faudrait peut-être qu'on t'attende pour dîner?

Il se tourne vers son père, assis à la grande table de la salle à manger :

– Tu ne lui dis rien, papa?

Bachir, le père, essuie méticuleusement son assiette avec un morceau de pain.

– C'est vrai, Nadia, ton frère a raison. C'est pas un moulin, ici.

L'homme vient de parler sans colère; visiblement il se sent contraint de faire une remarque à sa fille.

La mère entre dans la pièce. En passant devant le poste de télévision, que la famille regarde en mangeant, elle monte le son et pose un plat de mouton sur la table.

– Le mouton, quand il a trop bouilli, il est pas bon, dit-elle.

Nadia, qui n'a rien dit depuis son arrivée, lance brutalement, d'un ton sarcastique :

– Ça évitera d'en manger trois fois par semaine!

L'adolescente ne voit pas son frère Karim qui pénètre à son tour dans la salle à manger. Elle n'a même pas le temps de se protéger du bras; la gifle qu'elle reçoit est si violente qu'elle tombe de sa chaise. Nadia est étourdie sur la moquette; un peu de sang coule de son nez.

Peu à peu, elle reprend ses esprits, s'accroche d'une main à la table pour se relever et hurle :

– Macho! Enculé d'Arabe!

Le frère frappe à nouveau. Nadia retombe. Le garçon se penche sur elle et tape encore, le poing fermé, cette fois. Il s'essouffle, pousse des « han! », saisit sa sœur par les cheveux et la relève à demi. Un genou à terre, Nadia retient ses larmes. Elle est blême; elle a un hématome violet au-dessus de l'œil gauche et la respiration coupée – son frère a surtout frappé sur les côtes et la poitrine. Elle répète, en regardant Karim droit dans les yeux :

– Enculé! Enculé d'Arabe!

Instinctivement le garçon saisit un des couteaux sur la table et lève le bras. Rachid et son père le ceinturent.

La mère, repliée sur une chaise près de la fenêtre, pleure en poussant de petits gémissements. Karim s'est calmé. Écroulé dans le canapé du salon, il prend son père à témoin.

– Elle est de notre famille, il faut qu'elle se mette ça dans la tête. Elle aussi, c'est une Arabe.

Bachir ne répond pas. C'est un homme fatigué, qui n'aime ni les histoires ni les conflits. Pour se faire accepter, tant du voisinage que dans son métier, il a dû, durant toute sa vie en France, ne pas se faire remarquer. Alors, progressivement, il a renoncé, s'est effacé, même au sein de sa propre famille. Peu à peu, ses fils lui ont dérobé son autorité, sa place.

Le lendemain, en croisant Nadia dans la cuisine, Karim dit simplement :

– Puisque tu manques de respect à ta famille, on va s'occuper de ton éducation.

Nadia sort de l'appartement en lui faisant un bras d'honneur, juste avant de claquer la porte. Karim n'a apparemment rien d'une brute. Physiquement il ressemble à l'aîné. Il porte des lunettes à monture dorée et s'habille très correctement. Il achève une licence de droit. On le dit brillant, mais ses camarades de faculté le trouvent austère, ennuyeux. Il suit avec une grande attention tous les événements qui concernent l'Algérie. Sans être tout à fait du côté des intégristes, il critique très vivement les dirigeants du pays et le F.L.N. Il disserte sans fin sur leurs erreurs. Aujourd'hui, il met entre parenthèses sa réflexion politique pour s'occuper davantage de l'éducation de la petite sœur. Il vient d'imposer à sa mère de refaire la garde-robe de Nadia.

– Il faut jeter, dit-il, ses minijupes et ses jeans moulants...

Quand Nadia retourne au lycée, Karim l'accompagne.

Les copains de l'adolescente s'interrogent sur ses ecchymoses, et s'étonnent de la façon dont elle est habillée. En effet, Nadia porte une jupe qui la couvre jusqu'à mi-mollet et un pull à col roulé terne et trop large. Quand elle s'installe à sa place, en cours, Cécile, sa voisine, lui chuchote aussitôt à l'oreille :

– Mais c'est quoi, les fringues que tu portes ?

Nadia ne répond pas et plonge la tête dans son livre de mathématiques. A l'interclasse, Titus, inquiet, lui lance :

– On se voit au troquet après les cours ?

Nadia fait non de la tête et s'éloigne dans le couloir. A la sortie, en fin d'après-midi, elle s'engage la première sous le porche du lycée pour éviter de retrouver ses copains.

De l'autre côté du trottoir, Karim l'attend pour la ramener à la maison.

Il est 1 heure du matin. Nadia ne parvient pas à s'endormir. Elle a laissé ouverte la fenêtre de sa chambre, malgré la fraîcheur de la nuit. Le bruit lointain, mais continu, de l'autoroute porté par le vent emplit la pièce d'un bourdonnement sourd et lancinant. Les lampadaires de la cour renvoient une lueur jaune sur le plafond de la chambre. L'adolescente fixe l'ampoule qui pend au bout du fil électrique torsadé. Un réveil sonne obstinément quelque part dans l'immeuble. On entend le bruit des poubelles que déplace le gardien, sans égard pour les locataires endormis, suivi des miaulements agressifs de deux chats sur le point de s'affronter. Nadia repousse des pieds, nerveusement, la couverture et les draps de son lit, et se lève.

Elle se penche un instant à la fenêtre, aspire une large bolée d'air frais, frissonne, enfile sa veste en jean par-dessus son long tee-shirt et se dirige vers la cuisine dans la pénombre. Elle ouvre une des portes du buffet au formica vert, craquelé, délavé. Elle saisit une boîte à biscuits métallique d'où elle extrait, au milieu d'un fouillis de médicaments, un tube d'aspirine. En quelques secondes, elle absorbe une dizaine de cachets.

C'est Karim qui va voir le proviseur du lycée. Il n'évoque pas, bien sûr, la tentative de suicide de Nadia. Il parle d'appendicite. Il explique que l'opération ne s'est pas bien passée, que Nadia a besoin d'une longue convalescence et que la famille a décidé qu'elle irait quelques semaines chez le frère aîné, à Alger.

Nadia s'oppose d'abord à la perspective de ce voyage, mais finit par se laisser convaincre, d'autant qu'elle voit là la possibilité de se défaire momentanément de l'autorité et des harcèlements de Karim.

Il se passe quelque chose d'inattendu en elle : la ville blanche la provoque terriblement. De la fenêtre de sa chambre, chez son frère aîné, Nadia voit les terrasses de la casbah et le port en contrebas. Alger? C'est un choc en elle. Elle tente de se défaire de cette émotion incompréhensible quand elle regarde la mosquée, l'ancienne place Bellecour ou du côté de ce Bab-el-oued dont elle a tant entendu parler.

Jusqu'à la lumière qui la trouble, une lumière qu'elle n'a jamais vue ailleurs : parme au petit matin, au moment des incantations du muezzin; blanche, brûlante, au-dessus des minarets, à midi; grise, comme scintillante de poussière, dans l'après-midi et enfin ocre et rouge dans la soirée, incendiant toute la ville.

Cette ville entre en elle progressivement. Plus que les discours de Karim ou de sa famille, elle inscrit insidieusement dans sa tête son histoire, son origine.

Quelque chose d'indéfinissable, proche cependant de la sensation physique, s'impose à elle. Ce pays parle à son corps, à son cœur, au plus profond d'elle-même. Les odeurs, les couleurs de la ville courent en elle. Ce que Nadia éprouve en cet instant est essentiellement de nature épidermique. Un souffle, une palpitation, le moindre soupir la fait frissonner. A ce moment de sa vie, elle se sent algérienne. Elle ne peut alors retenir ses larmes, qui glissent lentement sur ses joues.

Pourtant, un peu plus tard, dans la rue, elle se sentira à nouveau étrangère en croisant ces femmes coiffées du *hidjeb* noir qui la regardent comme une touriste. Elle sentira dans leurs yeux du mépris, une sorte de rejet.

L'adolescente comprend immédiatement que l'aîné, Ali, est assez favorable à cette avancée spectaculaire de l'intégrisme en Algérie. Il accueille sa sœur avec une certaine solennité.

D'emblée, il tient à lui faire visiter avec fierté tout ce que la ville compte comme lieux d'histoire et de culture. Nadia a droit en priorité à la visite guidée du musée des antiquités classiques, ensuite à celle du musée du Djihad, puis du musée national de la nature. Ali, tenant à témoigner de sa parfaite connaissance des monuments, commente avec emphase. Au pied du mémorial pour l'indépendance, il procède à la photo traditionnelle. Il garde pour la fin le moderne centre commercial et culturel Riadh-el Fath, qui constitue, selon lui, « la fierté de tous les Algériens progressistes ».

Nadia manifeste une curiosité polie. Elle apprécie surtout les balades avec la femme de son frère, Zorah, autour de la mosquée Ali Bitchnine, à l'architecture très byzantine. Mais elle aime par-dessus tout flâner du côté du boulevard Bouakir-Salek et regarder les allées et venues de cette population colorée et extrêmement jeune...

Nadia aimerait pouvoir discuter avec ces garçons et ces filles de son âge, mais Zorah le lui déconseille.

– Tu serais déçue, dit-elle. Cette agitation est superficielle. La vie change ici, même pour les jeunes. Ils n'ont pas de lieux, de cafés pour se rencontrer. Tout le monde se méfie de tout le monde. On ne parle que des frères musulmans.

Elles sont arrivées maintenant au pied de Notre-Dame-d'Afrique. Nadia s'enthousiasme sur le point de vue magnifique qu'elle a, de cet emplacement, sur la rade.

– Pour les femmes de mon âge, la vie a encore plus changé, poursuit Zorah. Il y a des quartiers où je ne peux plus aller si je ne porte pas le voile et la robe longue. Il y a un an, j'étais encore habillée comme toi. Maintenant ce n'est plus possible.

– C'est mon frère qui t'oblige? demande Nadia.

– Oui, lui aussi a changé!

Nadia regarde du côté du bassin de l'Agha, en pleine activité portuaire.

Tout au long de son séjour, l'adolescente est chaperonnée par sa belle-sœur. Dans la rue, parce qu'elle est habillée trop à l'européenne, elle croise des regards méprisants, entend des réflexions blessantes que Zorah traduit en en altérant le sens.

Un après-midi, elle manifeste le désir d'aller à la plage, au club des Pins, à Sidi-Ferruch. Son frère le lui interdit et l'invite également à porter des tenues moins voyantes. Nadia, considérant que l'attitude de l'aîné est une atteinte à la liberté et à la dignité de la femme, réagit vivement. Ali refuse la discussion et dit seulement :

– Je n'ai pas à discuter de cela avec toi. Tu n'es encore qu'une enfant! Et puis, tu n'es pas en France! Ici la femme obéit à son mari. Elle fait comme il dit et ce qu'exige le Coran.

De jour en jour, le frère aîné revient plus exalté de la mosquée et des réunions du Front islamique du salut et se sent de plus en plus proche des intégristes. Sa rigueur religieuse nouvelle, il l'applique particulièrement à la maison, et notamment dans ses relations avec sa femme. Peu à peu, elle finit par confier son désarroi à Nadia.

– Ton frère contrôle maintenant toutes mes sorties. Je dois aller faire les courses avec lui. Je ne peux pas recevoir d'ami. Je voulais reprendre mes études de langue, mais il me l'interdit aussi.

– Le divorce n'existe pas ici? interroge Nadia.

– Je ne sais plus si je l'aime encore... mais jamais on m'autorisera à divorcer! Tu sais, Nadia, être algérienne aujourd'hui, c'est d'abord être musulmane, et, si tu reviens vivre un jour ici, tu seras musulmane.

L'adolescente étreint la jeune femme, qui pleure doucement maintenant. Entre deux sanglots, elle murmure :

– Ne reviens plus, Nadia, ne reviens plus, c'est dangereux. Tu perdras ta liberté...

La mise en garde de Zorah hante les dernières nuits de Nadia à Alger. Elle est prise soudain d'une terrible angoisse.

« Et si Ali me gardait? S'il m'interdisait de revenir en France? »

L'adolescente ne parvient pas à trouver le sommeil. La musique d'un transistor diffuse, d'une maison voisine, un chant lancinant comme une lamentation, accompagné par le son grêle d'un violon monocorde. Il fait lourd. Le ciel est constellé de cristaux scintillants, traversé de temps à autre d'étoiles filantes incandescentes. Des odeurs de cumin, de muscade et d'épices entêtantes remontent encore de la rue.

Nadia est comme enivrée de ces senteurs. Elle ne sait trop si elle doit s'y habituer ou les rejeter comme elle rejette ce pays.

« S'il me retenait, se dit l'adolescente en pensant à son frère, je me tuerais, c'est sûr... »

Le lendemain soir, Ali revient plus tôt que d'habitude. Il surprend son épouse habillée avec les vêtements de Nadia et entre dans une colère folle. Sa sœur tente de lui expliquer que ce n'est qu'un jeu, que Zorah n'a jamais eu l'intention de sortir ainsi... Il lui arrache véritablement la robe et le tee-shirt. Puis il se tourne vers sa sœur et lui jette une enveloppe à la figure.

– Il est temps que tu rentres en France. C'est ton billet de retour! J'espère que tu ne regretteras pas ton séjour chez nous...

Nadia gratifie son frère d'un grand sourire. Malgré sa

rage, elle a un geste pour s'approcher de lui et l'embrasser. Il s'écarte. L'adolescente reste bras ballants devant cet étranger qui sort de la pièce, drapé dans sa dignité et ses certitudes désormais toutes religieuses.

Karim attend sa sœur à l'aéroport, avec Rachid. D'emblée, il lance à Nadia, avec un large sourire :

– Alors ? Comment as-tu trouvé ton pays ?

– Mon pays, c'est la France, réplique Nadia sèchement en prenant à peine le temps de saluer ses frères.

Karim ne réagit pas à l'arrogance de sa sœur.

Il pleut à verse sur le trottoir du parking. Nadia, heureuse de cette pluie, ne cherche pas à s'abriter, mais ferme les yeux et laisse couler l'eau sur son visage. Elle inspire longuement, comme si elle voulait s'emplir les poumons d'air marseillais. Même l'odeur de kérosène, aux abords de l'aéroport, ne la gêne pas.

– C'est si bon, fait-elle en se lissant les cheveux.

Rachid ouvre la porte de la vieille Peugeot break empruntée au père.

– Allez, monte ! Tu vas être trempée.

Les gens autour d'elle, qui font la queue à l'arrêt des taxis, la regardent avec curiosité.

– Monte ! ordonne Karim. Ça suffit maintenant, les parents t'attendent.

Depuis son retour, Nadia ne sait trop comment évoquer ce sentiment confus qui s'est emparé d'elle. Elle ne sait pas non plus à qui en parler. Elle songe un moment se confier à son amie Cécile, ou à Titus.

« Mais, se dit-elle, c'est reconnaître mon origine, qui s'impose de plus en plus en moi. »

Au lycée, ses copains la pressent de questions sur l'Algérie. Elle raconte d'une voix cassée, où transparaît l'anxiété, cette impression de rejet, de mépris, qu'elle a ressentie là-bas. Nadia ne parvient pourtant pas à expliquer qu'elle vit mal à présent la conscience de sa double appartenance culturelle. Elle la ressent comme une contradiction dont elle ne parvient pas à se défaire. On lui a trop fait remarquer qu'elle était étrangère en

France et étrangère en Algérie. Elle parle alors plus facilement à ses amis de l'attitude de son frère aîné sous l'emprise des islamistes, et évoque le sort des femmes.

A la maison, elle dit peu de choses de son séjour chez Ali. Karim, pourtant, la harcèle. Il s'énerve derrière la table de la cuisine, tout en achevant son petit déjeuner.

– Il faut t'arracher les mots de la bouche ! Tu n'as rien vu, rien entendu, ou quoi ?

Nadia, occupée à faire chauffer du lait, se retourne, la casserole à la main.

– J'ai vu trop de choses qui te feraient plaisir, répond-elle en retenant sa colère.

Elle ajoute en remplissant son bol :

– C'est le retour au Moyen Age, là-bas.

– La morale, les valeurs, la rigueur... tu appelles ça le Moyen Age, toi ?

Nadia, restée debout pour avaler son petit déjeuner, souffle sur le lait trop chaud avant de répondre :

– Je n'en veux pas de ces valeurs, si c'est interdire aux femmes de se promener bras nus ou d'aller à la plage, d'entrer dans un café.

Karim maintenant ne peut dissimuler son irritation. Il se lève, toise sa sœur et lance, les dents serrées :

– C'est tellement mieux ici, hein, toutes ces filles de ton âge, ou que je vois à la fac, qui fument, qui n'ont pas de respect... qui se donnent facilement !

Il a levé le ton. Il marque un temps pour reprendre son souffle et ajoute, furieux :

– En tout cas, toi, tu ne feras pas comme elles ! Je te le dis, ma fille !

– Je suis pas ta fille, je suis ta sœur, réplique Nadia sur le même ton.

Elle se lève à son tour, se dirige vers le robinet de l'évier, glisse son bol sous le jet et hurle :

– Y en a marre, Karim ! On n'est pas en Algérie !

Karim ne supporte pas la façon dont vient de s'exprimer l'adolescente. Avec une impulsivité folle, il saisit la casserole à moitié pleine de lait bouillant et la lance en direction de Nadia, qui se baisse juste à temps pour ne pas la recevoir en pleine figure. Son avant-bras gauche est brûlé au troisième degré sur plus de la moitié.

Après cet incident, Karim ne revient pas chez lui pendant trois jours et Nadia croit un moment qu'il ne reviendra plus. Mais le week-end, il rentre et les conflits reprennent très vite. Tous les repas sont désormais des moments de violentes disputes. Entre sa mère, silencieuse, et les trois hommes de la maison, Nadia se sent isolée, agressée en permanence. Karim s'emporte systématiquement et critique avec de plus en plus de virulence la façon dont s'habille sa sœur, sa coupe de cheveux, son léger maquillage... tout est prétexte à la bagarre. Il veille sur les retours de lycée de Nadia, sur ses sorties, ses fréquentations, et il est désormais hors de question pour l'adolescente d'espérer aller en discothèque. Il tisse autour d'elle, au jour le jour, un canevas d'interdits, auxquels Nadia résiste d'abord avec violence, malgré les coups. Mais, peu à peu, les harcèlements de Karim ont raison de sa belle énergie. Elle s'épuise.

Un matin, elle décide de quitter la maison. Elle glisse un pull et un jean dans son sac à dos, ramasse ses économies, quelque quatre cents francs, et s'éloigne de la cité. Une heure plus tard, elle se retrouve à la gare routière.

Le car roule depuis un bon moment en direction de Toulon. Dans le reflet de la vitre, Nadia regarde son visage légèrement tuméfié. De l'index, elle tente d'évaluer la boursouflure de sa pommette droite : cette fois, Karim a frappé plus fort que d'habitude. En contrebas, à la sortie d'un virage, la mer couleur de brume défile, s'étire paresseusement sur les pointes effilées des rochers tendus vers le ciel sur lesquels viennent se reposer des oiseaux. Nadia se sent très lasse, mais heureuse. Elle ne pense plus qu'à mettre de la distance entre elle et sa famille. Le bruit du moteur la sécurise. Il fait déjà chaud. Le plastique vert du siège colle sous sa main. Nadia regarde le chauffeur. Il est habillé à l'ancienne, avec une casquette noire de la compagnie d'autobus pour laquelle il travaille, et porte une blouse grise, qu'il laisse ouverte.

Le soleil frappe sur la carrosserie. Nadia soupire. La

vitre à demi ouverte de la place juste devant elle, où se tient un vieil homme dont elle ne voit que la nuque blanche, laisse passer les premières odeurs de sel et d'algues. L'autocar descend sur la route sinueuse qui conduit au petit port de Cassis. Nadia se dit qu'elle aurait dû prévenir son amie Cécile. A présent, l'idée de partir sans but lui fait un peu peur.

En ce milieu du mois de juin, la petite ville a déjà pris ses habitudes estivales et touristiques. Il y a déjà beaucoup d'animation. Nadia se promène un long moment sur les quais puis s'installe à une terrasse, décidée à goûter le plus longtemps possible au soleil et à sa liberté.

A regarder ainsi les gens qui déambulent et, au loin, les voiliers sur les crêtes moutonneuses des vagues, elle ne voit pas le temps qui passe. Le garçon de café, un petit gros à l'air maussade, l'invite à renouveler sa consommation. Agacée par le ton avec lequel il vient de lui parler, Nadia s'apprête à se lever, mais elle se ravise et ordonne d'une voix qui ne laisse percer aucune sympathie :

– Un autre Coca!

Dans l'attitude du garçon, elle reconnaît quelque chose du comportement de ses frères. Ce constat ternit un instant son sentiment de bien-être.

Peu à peu, la lumière se fait plus grise, plus brumeuse. Nadia décide d'aller du côté des plages. Elle marche au bord de l'eau, s'amuse de l'empreinte de ses pas dans le sable mouillé, regarde avec envie du côté des maisons de vacances très fleuries.

« Ça doit être bien de vivre là-dedans avec une famille normale », se dit l'adolescente.

Un peu plus tard, elle s'arrête devant une baraque à frites. Nadia a faim. Les terrasses de restaurants se remplissent aux alentours. La lumière est rase sur la mer.

Il y a maintenant un peu de mistral. Sur la plage, un chien court après les mouettes qui cherchent un peu de nourriture sur le sable. L'adolescente s'installe sur un muret et avale goulûment deux barquettes de frites trop salées et trop grasses.

« Il y a mieux, comme dîner de liberté », se dit-elle. Le vent porte confusément les conversations des cafés. Les lampadaires orangés de la jetée miroitent comme des flammèches dans l'eau noire du port. Nadia est fatiguée. Elle a trop marché. Une bande de punks passe devant elle. Nadia les regarde sans crainte, avec sympathie, même. Derrière la panoplie provocante dont ils sont tous affublés, elle sait voir des visages, des regards fragiles, chaleureux. L'un d'eux lui fait un signe amical de la main. Tout dans l'apparence de ce garçon déconcerte. Les cheveux tondus tout autour du crâne et des tempes, il n'a sauvegardé qu'une grosse mèche qui lui barre le front. Il est habillé d'une grande blouse noire en lambeaux, qu'il porte par-dessus un jean déchiré avec application en bandelettes régulières et fines. Il a maquillé son œil droit de khôl. C'est peut-être cela qui a attiré le regard de Nadia. Il s'arrête à sa hauteur, rejette sur le front sa mèche qu'un coup de vent a rabattue sur le côté.

– T'es en galère? fait-il en déposant son baluchon qu'il porte en bandoulière avec une ficelle.

– Si on veut, répond Nadia, volontairement évasive.

– Tu sais où pieuter?

– Je n'ai pas encore décidé.

Le garçon sort une cigarette d'un paquet tout chiffonné et l'allume avec un briquet tempête.

– C'est un Zippo, je l'ai tiré sur une table de bistrot à un petit bourge. Tu veux une taffe?

Nadia fait un signe affirmatif de la tête. Le punk lui tend la cigarette.

– On a un plan destroy sur la plage, tu viens avec nous, si tu veux, dit-il.

Elle le regarde un peu à la dérobée. Malgré son accoutrement, elle trouve qu'il a l'air doux, presque enfantin.

– C'est quoi, votre plan glauque? demande Nadia.

– C'est à la carte, si tu veux. Il y a le shoot, la fumette et la défonce à la Kro.

Il remet en place une nouvelle fois sa mèche sur le front et demande :

– C'est quoi, ton nom?

– Nadia

– C'est rebeu, ça!

– Oui, et alors? Vous êtes contre, dans ta bande?

– Rien à foutre, on n'est pas des skins!

Il fait tout à fait noir maintenant; le groupe de punks s'est installé sur la plage.

– Alors, tu viens avec nous? interroge le garçon à l'œil maquillé.

– La drogue, c'est pas mon truc, répond l'adolescente. Elle ajoute en souriant :

– Et, la bière, ma religion me l'interdit.

– Tu rigoles ou quoi? s'étonne le jeune punk.

– Oui, je rigole! Vous restez là toute la nuit?

– Of course!

– Je viendrai peut-être plus tard.

– C'est comme tu veux, frangine!

Le garçon se lève, remet son baluchon sur l'épaule et s'éloigne du côté de la mer. Avant qu'il ne disparaisse tout à fait, Nadia lance très fort :

– C'est quoi, ton nom?

– Abdel, sister, dit-il en riant aux éclats.

Son rire se perd dans le bruit des vagues.

Une voiture de police passe au ralenti de l'autre côté du quai. Le rayon bleu du gyrophare glisse sur la plage où plusieurs bandes de jeunes s'apprêtent à passer la nuit.

Nadia enfile son pull, se lève et s'éloigne dans la direction opposée à celle du véhicule qui patrouille.

– On paie tout de suite! dit le réceptionniste en la regardant d'un œil soupçonneux.

Nadia fouille dans son sac à dos, dépose cent francs sur le comptoir. L'homme s'empare du billet brutalement. L'adolescente remarque que ses doigts sont rongés et sales.

– C'est la 3, marmonne-t-il. Au premier, il y a une douche, mais elle marche pas très bien.

Nadia a choisi ce vieil hôtel, un peu à l'écart, pour ne pas éveiller la curiosité. Les murs de la chambre ont dû être blancs. Des plaques d'humidité bavent sur le plafond. Le lit est dur, mais large. Une armoire très haute en chêne, une petite table recouverte de marbre ébréché et une chaise constituent le seul mobilier.

Une des portes de l'armoire est fermée à clé. Intriguée, Nadia tente de l'ouvrir avec la pointe de son couteau suisse. Prise de fatigue, elle renonce. Elle se glisse sous le filet d'eau de la douche et se couche exténuée. Un bref instant, avant de s'endormir, elle revoit la silhouette du jeune punk Abdel qui s'éloigne dans la nuit.

– Je peux garder la chambre pour ce soir?

– Il faut laisser cinquante francs d'arrhes, répond le réceptionniste, les yeux encore collés de sommeil et le visage mangé par une barbe sale.

Nadia ne sait pas vraiment pourquoi elle a choisi de rester dans cet hôtel si peu hospitalier. Un moment, elle a pensé partir pour l'Italie en auto-stop. Elle traîne toute la journée sur les plages et dans les ruelles sombres et fraîches de Cassis, elle se baigne, nue, dans une des criques bien protégées et décide en soirée de s'offrir un vrai repas dans un restaurant. Assise à une table, en terrasse, elle commande un plateau de fruits de mer, une daurade et une demi-bouteille de rosé de Bandol.

– Vous attendez quelqu'un? demande le garçon.

– Je suis seule, répond-elle avec un grand sourire.

– Alors, je vais bien vous soigner.

Le garçon tient sa promesse. Sympathique et volubile, il s'amuse de voir l'adolescente dîner d'un si bon appétit. Juste avant de payer, Nadia aperçoit Abdel et sa bande de l'autre côté du quai, mais n'ose pas l'appeler.

– Regardez-moi la touche qu'ils ont! dit le garçon. Il ajoute :

– Remarquez, ils sont peut-être plus heureux que moi! C'est peut-être eux qui ont raison. Moi, à leur âge, j'étais blouson-noir, révolté, plein de haine. Aujourd'hui je fais le loufiat.

Tout en essuyant les miettes sur la table avec sa serviette blanche, il lance :

– Je vous paie un autre dessert, si vous voulez.

Nadia le gratifie d'un beau sourire et commande une nouvelle glace aux fruits de la passion.

Elle laisse un pourboire royal.

Quand elle rentre, il ne lui reste plus que cinquante francs en poche. Le lendemain matin, au petit jour, elle quitte l'hôtel en catimini. Dans la rue, elle court, elle chante, heureuse d'avoir dupé le réceptionniste.

Dans l'après-midi, elle retrouve Abdel sur la plage. Ils décident de dormir ensemble à la belle étoile, au bord de l'eau. L'adolescente se love dans les bras du garçon. Le sac de couchage est étroit pour eux deux. Ils font l'amour avec des gestes hâtifs, maladroits, mais cependant pleins de tendresse. Ils ne parlent pas, par crainte de dire des banalités ou de faire des promesses qu'ils ne pourront ni l'un ni l'autre tenir.

Au matin, Nadia est réveillée par un rayon de soleil déjà chaud sur sa joue. Elle est seule dans le sac de couchage. Il n'y a personne sur la plage. Le vent se lève. Abdel a disparu. Nadia voit alors son sac défait; son petit porte-monnaie a disparu avec Abdel. Elle a un petit sourire qui semble exprimer à la fois sa déception et sa compréhension.

Nadia décide de partir pour Toulon. Elle marche sur le bas-côté de la nationale depuis un quart d'heure, le pouce tendu.

Une voiture de la gendarmerie freine sans faire de bruit. Nadia pense bien un instant s'enfuir en courant à travers la garrigue; elle hésite, puis renonce.

Les gendarmes lui mettent bêtement les menottes.

C'est évidemment Karim qui vient la chercher au poste.

Une fois de plus, son air d'étudiant bien comme il faut fait une excellente impression. Il paie l'hôtelier, sermonne publiquement sa sœur, et le capitaine de gendarmerie donne un avertissement.

A la maison, les choses se passent différemment. Depuis le début du mois de juillet, cela fait maintenant près de dix jours, Nadia est véritablement séquestrée. Seul, Karim lui porte à manger. Il garde sur lui la clé de sa chambre.

La veille du 14 Juillet, l'adolescente fait une véritable crise de nerfs. Quand son frère entre, elle se jette sur lui avec l'énergie du désespoir. Rachid vient en renfort pour la calmer. Depuis deux jours maintenant, elle refuse de s'alimenter.

Ce matin, Karim ne parvient pas à ouvrir la porte. Nadia a poussé son lit contre l'ouverture. Avec son père, Karim parvient enfin à dégager un espace qui lui permet de se glisser dans la pièce. Il reste saisi sur le seuil. Nadia est là, suspendue au montant d'un des lits superposés, le cou serré par un foulard qu'elle avait acheté à Alger.

L'adolescente vient de se pendre.

Thierry

« Perforation de l'estomac, fissures intestinales. Opération difficile. A 0 h 30, tension artérielle : 7. A 2 h 30, tension artérielle : 10. 4 heures : les jours de l'adolescent ne sont plus en danger. »

Aux urgences, l'interne de service consigne sur un gros registre noir, en quelques lignes hâtives, la dernière intervention de la nuit. Il est 5 heures du matin. Les deux infirmières se sont légèrement assoupies tandis que pointe, au-dessus des verrières qui partagent la salle de garde, une aube indécise qui ne parvient pas à triompher tout à fait de la nuit. De la grande cour, ceinturée de marronniers, montent les premières odeurs de l'été. Seul bruit dans le matin, la rumeur du vent, qui glisse sur les toits mouillés du vieil hôpital. Tout est encore retenu, silencieux. Même la douleur s'est tue dans ce lieu habituellement habité de gémissements continus. C'est l'heure mystérieuse de grâce, de répit.

Thierry est sorti du bloc opératoire depuis trente minutes environ. Il est encore sous anesthésie. Ses parents sont à son chevet, dans la chambre faiblement éclairée par une petite lumière verte au-dessus de la porte.

Il respire calmement. Sa mère somnole dans le fauteuil en plastique marron, placé près de la fenêtre. Son père ne le quitte pas des yeux. Il est assis sur le bord du lit et jette sans cesse de brefs coups d'œil vers la perfusion. De temps à autre, il pose sa main sur le front de l'adolescent et lui caresse lentement les cheveux, retrouvant ainsi des gestes oubliés depuis de nombreuses années.

Des pas crissent sur le gravier blanc. Le chirurgien rejoint sa voiture. Comme appelé par un sifflement, il lève la tête vers les arbres. Reconnaissant un loriot sur une des branches d'un platane, il sourit puis se glisse à l'intérieur de sa C.X. noire et quitte l'hôpital au ralenti, comme s'il souhaitait préserver le sommeil si fragile de ses malades. Il jette un œil dans le rétroviseur et grimace en voyant son visage tendu par la fatigue. La nuit a été difficile.

Quelques heures plus tôt, au bloc opératoire, le chirurgien et son équipe ont fait le maximum pour sauver le jeune Thierry. Très rapidement, à la radioscopie, ils ont localisé la fourchette avalée par l'adolescent.

– C'est incroyable! murmure, sous son masque blanc, l'assistante en chirurgie.

Dans la lumière bleutée et froide du bloc opératoire, le patron donne ses ordres d'une voix calme, pondérée.

– On ne traîne pas, les enfants!

Avec une extraordinaire maîtrise, le patron ouvre au scalpel l'abdomen de l'adolescent. Le chirurgien jette un coup d'œil vers l'anesthésiste, qui hoche la tête; tout va bien. Le silence est troublé par le ronronnement de l'appareil respiratoire et le bip-bip régulier du monitoring qui restitue le rythme cardiaque du jeune garçon.

En vingt-cinq ans de carrière, le patron a souvent pratiqué ce type d'intervention. Cependant, c'est la première fois qu'il voit un jeune garçon de quinze ans tenter de se suicider de cette façon-là. L'assistante en chirurgie, qui ne comprend pas non plus comment l'adolescent a pu avaler cette fourchette, n'a pas le temps de s'interroger davantage, tant la concentration et la tension sont extrêmes dans le bloc. Ici, généralement, on ne se pose pas de question sur les raisons ou sur le désarroi qui ont conduit au geste ultime. Mais cette nuit-là, pourtant, les membres de l'équipe, y compris le patron, font preuve d'une énergie autre, d'une émotion et d'une rage inhabituelles, qui indiquent violemment leur volonté d'arracher à la mort cet adolescent dont le visage, aux traits délicats, souligne la fragilité.

Ils ne savent rien de l'histoire de Thierry, sinon qu'il a été amené par le S.A.M.U. depuis le centre de jeunes détenus de Fleury-Mérogis.

Rien dans l'apparence du jeune garçon n'indique le délinquant, le voyou. A quinze ans, Thierry est plutôt frêle et dégingandé. Une grande mèche de cheveux blonds, presque blancs, lui barre le front, et il a des yeux très verts. Son visage est très fin et il se désole d'être encore pratiquement imberbe. Pourtant, il a tout fait pour tenter d'accélérer l'évolution de son système pileux. Il s'est rasé plusieurs fois par jour... jusqu'à l'irritation. Il s'est enduit de toutes sortes de crèmes. Un copain lui a conseillé :

– Tu devrais essayer la merde de pigeon, il paraît que c'est efficace.

Et il s'en est abondamment badigeonné le visage, sans grand résultat.

Thierry, jusqu'à l'âge de quatorze ans, est un enfant calme, trop calme peut-être. C'est un rêveur. Il prend son temps en toute chose, arrive régulièrement en retard en classe, oublie toujours un livre ou un cahier et même son cartable. Une fois, il lui est arrivé de le chercher partout autour de lui, sans s'apercevoir qu'il l'avait accroché dans le dos. Il flâne, même dans la cour de récréation. A son propos, un instituteur cite approximativement Paul Fort.

– Thierry, comme le poète, regarde pousser les poèmes sur les poémiers...

L'enfant, d'ailleurs, aime bien les poèmes, qu'il appelle toujours « récitations ». En primaire, il excellait dans les fables de La Fontaine et, se prêtant de bonne grâce à jouer le petit singe savant, faisait la fierté de ses parents à tous les repas de famille.

– Allez, Thierry, dis-nous *Le Corbeau et le Renard*! Allez, vas-y, ne fais pas le timide! suppliait la maman.

Il ne fait pas de prouesses à l'école, où il se maintient avec difficulté. Discret, il n'est pas du style cancre ou chahuteur et se laisse porter par les événements, au fil des ans. Il redouble sa troisième, mais l'année scolaire n'est pas meilleure pour autant. Peu à peu, il perd pied. Aussi, le conseiller d'orientation l'invite à opter pour la section d'enseignement spécialisé. Thierry fait la moue, se gratte longuement la tête et demande aux copains :

– C'est bien, ça?

L'un d'eux, goguenard, répond :
– Mon pote, t'es tranquille. C'est comme si tu prenais ta retraite.
Un autre, beaucoup moins drôle mais plus lucide, le met en garde :
– Mon vieux, t'as pas de pot ! C'est la voie de garage, c'est l'antichambre du chômage.
Ses parents, eux, pensent qu'il peut tout aussi bien apprendre un métier dans ce nouveau collège.
Les parents de Thierry sont des petits commerçants tranquilles. Son père est l'un des derniers marchands de couleurs, dans le XIe arrondissement – il est vrai qu'il n'y a plus beaucoup de drogueries comme celle-là dans Paris. Sa mère est à la caisse. Elle se tient droite derrière un comptoir à l'ancienne, haut, étroit, en bois vernis, avec une petite plaque de cuivre rectangulaire et rutilante pour poser la monnaie.
Quand on y entre, on est pris par les odeurs entêtantes de cire, de savon noir, de sciure et de teinture. Et, par-dessus tout, comme égarée là, une odeur de bâton de réglisse imprègne les vieilles étagères qui s'élèvent jusqu'au plafond où pendent, comme des flambeaux renversés, des dizaines de petits balais en paille.
Tout petit, Thierry n'a cessé d'errer avec bonheur dans ce labyrinthe de rayonnages encombrés de bidons d'insecticide, de paquets de naphtaline, d'ustensiles de cuisine, d'outils et de produits tout aussi mystérieux qu'inutiles.

Thierry aide dans l'arrière-boutique. Il « coupe » les berlingots d'eau de Javel, qu'il dilue dans des bouteilles. Une tâche difficile, car il s'agit, avec une seule dose, d'en faire deux. Le client ne s'aperçoit pas de cette petite supercherie.
Mais, depuis quelques mois, Thierry ne met plus les pieds dans la droguerie. Il traîne avec une bande, celle de Patrick, qu'il a connu dans son nouveau collège. Il s'est d'abord laissé impressionner par le look de son nouveau copain. Les bottes Santiags, le Perfecto noir et le jean 501, c'est ce qu'on fait de mieux pour le leader de bande.
Thierry, lui, hésite encore entre le modèle rap, importé des États-Unis, avec chaussures Reebok, casquette et tee-

shirt, ou le côté punk, avec rangers, ou chaussures à très grosses semelles, les Doc Marten's, cheveux décolorés et pantalon moulant savamment déchiré.

Il ne s'attendait pas à trouver sa place dans le groupe. Il a considéré son intégration comme un grand événement et une grande faveur. Au début, il a senti qu'il était à peine accepté. Les gars ne l'ont pas ménagé. C'est souvent qu'il a entendu, venant de l'un ou de l'autre :

– T'es pas une flèche, mon pote!

– T'es une gonzesse ou quoi?

– Il faut qu'il se bouge le cul, le petit pédé!

– C'est vrai que tu fais fille avec ta gueule!

C'est justement pour sa bonne mine, son apparence d'enfant sage, que Patrick l'a intégré.

– Tu nous serviras de couverture, avec ta bonne tête.

Thierry doit faire ses preuves très rapidement...

Au premier vol, il est davantage paralysé par un sentiment de culpabilité que par la peur. Il hésite longuement avant de se décider. Il pense à son père. C'est sa déception qu'il craint, plus que son autorité. Thierry aime bien ses parents. Il n'a pas de problème particulier avec eux et, s'il trouve sa mère la tête un peu trop souvent plongée dans ses comptes, il a avec son père une vraie complicité.

– On n'a pas besoin de se parler pour se comprendre, dit souvent l'adolescent.

Au supermarché, le samedi après-midi, la surveillance est renforcée, mais il y a beaucoup plus de monde. Thierry erre un long moment avant de se décider pour le champagne. Jusqu'aux abords de la caisse, il tient franchement la bouteille à la main. Il a repéré les caméras et les vigiles. Il sent maintenant son cœur battre à tout rompre dans sa poitrine. Son ventre est contracté. Il a chaud. Il lui semble que tout le monde l'observe. Le bruit des caisses qui crépitent, la musique de fond dans le centre commercial, tout lui semble amplifié, dirigé contre lui pour mieux le faire remarquer.

Pourtant, Thierry s'est habillé le plus banalement possible et grâce, justement, à son air d'enfant sage, on ne se retourne pas sur son passage. Il choisit la caisse la plus encombrée et prend place dans la queue. Sa stratégie est simple : il se colle le plus possible à une cliente pour donner l'illusion qu'il accompagne sa mère; d'un geste leste, il dissimule le champagne sous son blouson puis tire le caddie de la cliente comme s'il voulait l'aider. Il lui fait ensuite un grand sourire et passe ainsi devant la caissière sans éveiller l'attention. Il profite de la cohue pour s'éloigner, sans précipitation.

– Tu rigoles ou quoi? T'en as piqué qu'une seule! C'est pas bézef, pour quatre! lance Patrick avec mépris.

Ils sont installés sur un banc dans le square proche de la droguerie. Thierry jette, de temps à autre, un coup d'œil inquiet en direction de la façade colorée du magasin. Il porte la bouteille à sa bouche et avale une toute petite goulée en grimaçant. Il croit voir un instant son père sur le pas de la porte de la boutique, en discussion avec une cliente. Oui, c'est bien lui. Il reconnaît sa blouse bleue. La discussion dure. Thierry sourit. Il sait que son père, un grand bavard passionné par son travail, n'en finit jamais de conseiller ses clients.

Patrick arrache la bouteille des mains de Thierry et boit à son tour, goulûment.

– C'est dégueulasse. C'est chaud! se plaint l'adolescent. Il recrache le champagne sur l'herbe et ajoute avec arrogance :

– Ça, c'est mon rêve, arroser la pelouse de ma baraque avec du champagne!

Il passe sur ses lèvres sa main aux ongles noirs et prend soudain un air qu'il veut rendre grave.

– Faudrait passer aux choses sérieuses, dit-il.

Et, allumant une cigarette blonde, il ajoute :

– Y en a marre de faire les gamins!

Thierry le regarde, étonné. Il remonte le col de son blouson pour se donner une attitude. Il aimerait bien fumer mais n'ose pas demander une cigarette à son copain.

– Oui... y en a marre de faire des conneries de gamins. Il faut des thunes, les mecs! On n'a pas un rond!

Il jette la bouteille au milieu du square et reprend d'une voix assurée :

– J'ai plus l'âge de piquer des mobs ou des autoradios...

Pendant plusieurs mois, la mise à l'épreuve de Thierry se poursuit. Il tient à prouver aux autres qu'il n'est pas un dégonflé...

Sans pouvoir se débarrasser totalement de sa peur, dont il ne parle à personne, il apprend jour après jour les techniques élémentaires du vol à l'étalage. Des disques et cassettes dérobés, il passe très vite aux appareils photo et, bientôt, aux magnétoscopes, dissimulés dans les paquets de couches pour bébé.

Un soir, alors qu'ils procèdent à l'inventaire de leurs vols, Patrick demande à Thierry :

– Y a rien à faucher chez toi ?

– Ça va pas, non, la tête ! bafouille Thierry.

Ils sont installés dans un garage délabré au fond de la cour d'un vieil immeuble du XIXe arrondissement sur le point d'être démoli. C'est leur cache, où ils ne se rendent que la nuit. Thierry a besoin de reprendre son souffle.

– Je vais quand même pas cambrioler mes vieux, non ?

– Ça te gêne pas, pourtant, de prendre des biftons dans la caisse de temps en temps, fait remarquer Patrick.

Il frotte la pointe d'une de ses Santiags sur la jambe de son jean.

– C'est pas pareil, répond Thierry, tendu, inquiet.

Puis, comme pour se justifier, il ajoute :

– Des fois, je me dis : « Mon père, il le sait et il ne dit rien, pour ne pas faire d'histoires. »

Patrick hausse les épaules.

– T'en fais pas, j'ai mieux !

Son œil s'allume. Ses copains le regardent, intrigués. Patrick savoure un moment la curiosité qu'il a soudain suscitée et lâche enfin :

– Un entrepôt à la porte de Pantin. Que des Perfectos et des 501. On fait un malheur avec ça ! Y a pas de gardien. Mais il faut une bagnole.

Il se tourne une nouvelle fois vers Thierry.

– Ton père, la 4 L, il la laisse toujours devant la porte du magasin ?

Thierry comprend tout de suite les intentions du chef de la bande.

– Non ! pas la voiture de mon père !

Patrick laisse fuser un petit rire.

– Mais que t'es con! On ne lui vole pas sa tire... On l'emprunte. Tu piques les clés à minuit et à 2 heures du mat', tu les remets là où tu les as prises... Ni vu ni connu, mon petit pote!

– Et si ça tourne mal? s'inquiète Thierry.

– Mais pourquoi tu veux que ça tourne mal? C'est béton, je te dis... Et puis, ton père, il ne portera pas plainte contre toi... donc contre nous non plus.

Il pleut. A l'intérieur de la voiture, les vêtements sentent le mouillé. La pluie, épaisse, rend la nuit plus noire encore. De temps à autre, les phares d'une voiture venant en sens inverse percent de rayons jaunes le pare-brise du véhicule des quatre adolescents. A un feu rouge, Thierry jette un coup d'œil vers un couple d'amoureux qui tente de se protéger sous une porte cochère. Les pneus chuintent sur le pavé luisant. Au volant, Patrick roule doucement, avec une grande prudence. Les visages des quatre garçons sont tendus dans la pénombre. Ils sont étrangement silencieux. Seul, Patrick finit par ricaner.

– Alors, la bande à Bonnot, vous avez les jetons ou quoi? On va pas faire le casse du siècle...

– Que t'es con! répond Thierry. Pourquoi tu roules si lentement?

– Tu devrais me remercier, mon vieux! J'en prends soin de la voiture du marchand de couleurs, j'en prends soin! Et puis ça serait trop con de se faire piquer en jouant les Prost.

Il marque un temps, jette un coup d'œil dans le rétroviseur et lance à Thierry:

– T'es vraiment con, c'était quand même pas compliqué d'en faucher trois, à ton vieux, des pieds-de-biche!

L'adolescent ne répond pas. Comme pris en faute, il se fait tout petit sur la banquette arrière de la 4L. Les mains enfoncées dans les poches de son blouson, il soupire. Il retrouve sur les sièges quelques-unes des odeurs si particulières de la droguerie. Il pense à son père et se demande soudain ce qu'il fait là.

« Ils sont plutôt sympa, mes vieux, se dit-il. Pas emmerdants... C'est moi qui déconne... Je suis pas chouette avec eux. »

A un feu rouge, il songe un instant à sauter de la voiture. La pluie redouble. Les essuie-glaces balaient des paquets d'eau. C'est à peine si Patrick distingue la chaussée. Il conduit, le nez collé au pare-brise.

– C'est la prochaine à gauche, dit-il enfin.

Très excité, il ajoute :

– On s'arrête une cinquantaine de mètres avant et on se met les bas sur la gueule.

Il sort de son blouson quatre bas noirs, qu'il tend en vrac à ses copains.

– C'est pour quoi faire? s'étonne Thierry. Tu as dit qu'il n'y avait personne...

– C'est pour faire comme dans les films, banane! répond Patrick en ricanant.

Il poursuit, cette fois d'une voix grinçante :

– Y a quand même un gardien qui passe toutes les heures.

Thierry empoigne Patrick par la manche de son blouson et hurle :

– Salaud! tu as menti! Tu as dit que c'était sans risque! Je viens pas! Je laisse tomber!

– Lâche-moi, connard! On va se planter!

La voiture zigzague sur la chaussée trempée. Patrick se redresse sur son siège, se libère d'un coup de coude de l'étreinte de Thierry, remonte instinctivement le col de son blouson et hurle à son tour :

– Tu te serais dégonflé, si je t'avais dit la vérité. Maintenant, t'es dans la galère, et tu restes avec nous!

Les mains crispées sur le volant, le chef de la bande répond à Thierry en donnant de petits coups d'œil dans le rétroviseur. Il voit bien la peur et l'anxiété sur le visage de l'adolescent. Décidé à le rassurer, cette fois, il parle calmement :

– T'inquiète pas, vieux! Le gardien, on le laisse passer et puis, on est tranquilles pendant une heure.

– Je viens pas, je te dis, je viens pas! hurle Thierry une nouvelle fois.

Sa voix tremble de rage.

Patrick observe un instant de silence, puis il lance d'un ton cinglant :

– Si, tu viens mon pote!... Sinon je te balance à ton père!

Tapis dans la voiture, lumières éteintes, ils attendent de longues minutes sans bouger, sans parler.

La pluie, maintenant, martèle plus légèrement la carrosserie de la 4L. Au bout de la rue, un lampadaire fait comme un quartier de lune au-dessus de la croix verte de la pharmacie qui renvoie sur le pavé une pauvre lumière. Enfin, le gardien apparaît. Il effectue sa vérification, donne un tour de clé à la boîte de sécurité et s'éloigne aussitôt. Les quatre garçons patientent encore quelques secondes et descendent de la voiture. Patrick tend un pied-de-biche à Thierry, et ils avancent sans hésiter en direction de la porte du petit entrepôt. Et puis, tout se passe très vite. Ils font sauter la serrure et, en quelques minutes, ils emplissent le coffre de la 4L. Ils ne prononcent pas un mot. Thierry ressort le dernier de l'entrepôt. C'est à ce moment-là qu'il est aveuglé par la lumière d'une lampe-torche. Ébloui, il pense à une mauvaise blague de Patrick, mais il remarque très vite la casquette du vigile. Il prend peur, ne réfléchit pas un instant, lève le pied-de-biche et frappe. Une seule fois. L'homme s'affaisse lourdement sur le bord de la bouche d'égout saturée d'eau de pluie.

– Merde, que t'es con! gueule Patrick.

Thierry reste les bras ballants, sans réaction devant le corps du gardien.

L'enquête ne traîne pas. La bande avait déjà été repérée pour d'autres petits délits et le gardien reconnaît sans hésiter son jeune agresseur.

La sanction des tribunaux pour un petit casse n'est généralement pas bien sévère à l'égard des jeunes délinquants. Mais, en frappant le gardien, Thierry a considérablement aggravé son cas. A la confrontation, penaud, il balbutie :

– Je regrette vraiment, m'sieur... Je n'ai pas fait exprès. Je m'en veux...

Le gardien, paralysé dans sa chaise roulante, crie :

– Petit salaud! T'as foutu ma vie en l'air.

Thierry est condamné à quatre ans de prison sans sursis...

Quand le gardien chef prononce son nom, le père de Thierry s'avance timidement devant la grille entrouverte. Il ne s'attendait pas à être appelé le premier. Et c'est aussi la première fois qu'il rend visite à son fils au centre des jeunes détenus de Fleury-Mérogis. Sa femme a refusé de l'accompagner.

– Je ne veux plus le voir. On lui a tout donné, on s'est toujours sacrifiés pour lui, et c'est comme ça qu'il nous a remerciés !

Le soir même du procès, c'est en substance ce qu'elle a dit à son mari. La bouche pincée, raide derrière son comptoir, les mains à plat sur la plaque de cuivre de la caisse qu'elle ne cesse d'astiquer avec son avant-bras, elle a ajouté :

– C'est ta faute aussi. Tu as toujours été faible avec lui. Il aurait eu besoin d'un père qui le visse, qui n'hésite pas à lui foutre des volées !

Le droguiste a écouté sans rien dire, puis il s'est enfermé dans l'arrière-boutique pour couper les berlingots d'eau de Javel.

Le bip-bip du détecteur de métal sonne quand il passe sous le premier portillon. Il s'en étonne, car il vient de vider ses poches.

– Votre ceinture peut-être, monsieur, fait remarquer l'un des gardiens très poliment.

Le père de l'adolescent a mis son plus beau complet pour rendre visite à son fils. Dans un porte-documents en cuir noir, il a glissé deux albums de bandes dessinées et un roman de Joseph Kessel.

On pourrait ainsi le prendre pour un avocat. C'est peut-être ce qui lui vaut la courtoisie des matons. Derrière lui, d'autres familles s'impatientent. Les gardiens ont peu d'égards pour elles.

Il grimpe le petit escalier à la rampe froide, recouverte d'une large bande de plastique vert, et débouche dans une salle où persistent des odeurs aigres de cantine. Derrière un comptoir en U se tiennent trois autres agents de l'administration pénitentiaire, qui lui demandent sa carte d'identité en échange du permis de visite et d'un morceau de carton rouge sur lequel est inscrit, à l'encre noire, le chiffre 5, numéro de la cabine du parloir où il rencontrera son fils. Près de lui, une femme algérienne pleure. On lui refuse la visite à son fils parce que la photo de son passeport ne semble pas correspondre à celle du permis délivré.

Après avoir donné les livres à un gardien, qui les transmettra à Thierry selon la procédure habituelle, on demande au père de glisser son porte-documents dans un casier métallique. Il se dirige ensuite vers une petite salle d'attente après être passé sous un autre portillon de sécurité. Il est 13 h 45, la porte des parloirs ne s'ouvrira pas avant 14 heures.

Le droguiste est surpris de voir que de nombreuses mères semblent avoir ici leurs habitudes. Elles fument, se sourient, papotent comme chez le coiffeur. Ce ne sont, dans cette pièce éclairée par un néon transversal froid et violent, que murmures et chuchotements. Son regard croise celui d'un couple, modestement vêtu. L'homme et la femme osent à peine lever la tête. Il y a dans leur attitude quelque chose de blessé, de honteux...

– Bensakria, cabine 4! Lambert, cabine 5!

La porte s'ouvre enfin. Un nouveau gardien, sans casquette, très jeune, apparaît. Il invite les familles appelées à le suivre.

Le père de Thierry débouche dans un long couloir faiblement éclairé qui donne sur les cabines du parloir. Il repère la sienne. Le gardien ouvre la porte et l'enferme.

L'espace étroit, long de deux mètres, large d'un mètre cinquante, est séparé en son milieu par un petit comptoir en béton brut recouvert d'un carrelage à damier effrité, décoloré. Les murs délavés, presque sans couleur, sont tachés d'inscriptions qui ne sont plus tout à fait lisibles. Ça sent l'urine et le renfermé. Le père de l'adolescent déglutit difficilement. Son cœur se serre. Il a, en cet instant, une idée précise de ce que signifie l'enfermement.

L'attente se poursuit. Il soupire, ferme les yeux et se rappelle Thierry quand il était enfant. Il revoit un bref instant ce petit garçon de six ans, qu'il tient par le cou pour lui apprendre à faire du vélo.

« C'est si proche! », pense le droguiste.

Côté détenus, des bruits de pas se font entendre.

L'homme tend l'oreille. Il sent l'oppression peser sur sa poitrine et se raidit. Les jeunes prisonniers arrivent. Par la porte, couverte sur un quart de sa hauteur d'un verre de sécurité, l'homme reconnaît la silhouette de son fils. Il ne peut s'empêcher de crier son nom :

– Thierry!

L'adolescent ne peut l'entendre, mais il a deviné, par le mouvement des lèvres, l'appel de son père.

Le droguiste essuie ses mains moites sur son pantalon. Son estomac est noué. Il se défend contre ce picotement des yeux qui précède les larmes. Il fait un signe de la main à son fils, qui lui répond par un hochement de tête et un petit sourire.

Thierry a maigri. Il porte maintenant les cheveux courts. Il est vêtu d'un tee-shirt blanc et d'un pantalon de survêtement bleu. Le gardien ouvre la porte à l'adolescent. Un brouhaha général, mélange de rires, de pleurs, d'embrassades, envahit aussitôt tout le parloir. Dans chaque cabine on s'étreint, on parle fort, on éclate en sanglots. Dans la 5, le père et le fils, par-dessus le comptoir en béton, se regardent un instant en silence. Il faut à Thierry énormément de volonté pour ne pas se laisser aller à sauter l'obstacle qui le sépare de son père. Ils s'embrassent enfin avec beaucoup de pudeur, et font autant d'efforts l'un que l'autre pour cacher leur émotion.

– Ça va, fils? Ça va, dis? interroge le droguiste.

C'est à peine si on entend sa voix. L'effort pour parler gonfle les veines de son cou. Thierry ne répond pas. Une boule dans la gorge l'étouffe, et il sait que, s'il libère les mots prisonniers en lui, il libérera en même temps ce torrent de larmes qui ne demande qu'à jaillir. Il ferme les yeux, reprend sa respiration, soupire longuement, s'écarte doucement des bras de son père en retenant en lui l'odeur fraîche de son eau de toilette, qui lui rappelle immédiatement les dimanches à la maison, quand il était plus jeune.

– C'est dur, hein, mon garçon?

– Oui, c'est dur... murmure Thierry en baissant les yeux.

Ils ont pris place en même temps sur deux tabourets. L'adolescent a énormément changé. Son père ne sait trop comment interpréter cet air meurtri, cette expression de grand désarroi qu'il lit immédiatement sur le visage de son fils.

– Il faut que tu tiennes... Tu vas t'en sortir, c'est sûr! J'ai revu ton avocat, dit-il.

L'homme a un sourire forcé. Il tente de se montrer optimiste, mais sa voix s'est mise à trembler.

– Je l'aurai pas, la conditionnelle, papa, je me fais pas d'illusion. Je dois payer, je ferai mon temps, c'est sûr.

Thierry parle d'un ton grave qui surprend terriblement son père. On le sent tendu, sur les nerfs.

– Pourquoi maman ne vient pas? demande soudain l'adolescent.

Le père fronce les sourcils, passe un doigt dans le col de sa chemise en faisant un léger mouvement de tête.

– La boutique... tu sais bien, y faut quelqu'un.

Thierry n'est pas dupe de l'embarras de son père.

– C'est pas une raison... Elle m'en veut, c'est plutôt ça, t'oses pas me le dire... Remarque, je la comprends.

– Mais non... que tu es bête! Nous, on t'en veut pas... Tu as fait une connerie et tu paies maintenant, comme tu dis.

Sans vraiment s'en rendre compte, l'homme gratte nerveusement de l'ongle du pouce un petit éclat de carrelage sur le comptoir de béton qui les sépare. Il marque un léger temps et reprend :

– Je sais bien, moi, que t'es pas une canaille.

Il se racle la gorge un instant, serre les mâchoires pour contenir à nouveau son émotion, cherche le regard de Thierry, ébauche un geste d'impuissance et ajoute :

– Je sais bien que tu t'es laissé entraîner... C'est aussi de notre faute et de cette putain de boutique qui nous prend tout notre temps.

– Mais non, papa, vous n'y êtes pour rien. Je suis le seul responsable.

Bientôt un long silence gêné s'installe entre le père et le fils. Ils se regardent chacun leur tour, un peu à la dérobée. Comme pour meubler la conversation, le père lance :

– C'est comment, la bouffe?

– Ça vaut pas les lasagnes de maman. C'est pas terrible.

Alors qu'il ne fume plus depuis plus de cinq ans, le père de Thierry fouille dans ses poches comme à la recherche d'un paquet de cigarettes.

– Tu sais quoi, fils? fait le père en salivant abondamment.

– Non! dit Thierry en secouant la tête.
– Je crois que je vais recommencer à fumer.
– C'est pas bien, ça! dit l'adolescent en souriant presque.
– J'ai demandé à l'avocat qu'il fasse en sorte que tu puisses continuer d'étudier.
– Ça va être dur, fait remarquer Thierry.
– Pourquoi? s'étonne le père.
Thierry hésite avant de s'expliquer. Il regarde du côté du couloir où circule un gardien et dit :
– J'ai deux mecs dans ma cellule, deux vrais abrutis. Ils me prennent pour le larbin de service.
Thierry ne donnera pas à son père davantage de détails sur la vie dans la cellule. Il devrait pourtant, car depuis trois mois il est devenu le souffre-douleur de ses deux compagnons de cellule.
La visite prend fin. Le père et le fils cherchent encore maladroitement à combler les silences. Sur le point de quitter son père, Thierry lui prend la main, qu'il serre très fort, sans rien dire. A cet instant, le droguiste voudrait lui dire qu'il l'aime, qu'il n'a rien oublié de son enfance et que, malgré ses conneries, il reste fier d'avoir un fils comme lui. Mais il se retient, par crainte de se laisser aller à sa peine.
Le bruit mat de la serrure défait leur étreinte. Thierry est déjà de l'autre côté. Son père le voit une dernière fois, comme au garde-à-vous derrière la paroi de verre.

Le droguiste monte dans sa 4 L. Il fait terriblement chaud dehors. Les carrosseries des voitures sont brûlantes. Quelques mères, seules, à petits pas tristes, regagnent l'arrêt d'autobus. Le père de Thierry défait sa cravate. Il tourne la clé de contact. La 4 L toussote. L'homme jette un coup d'œil dans le rétroviseur. Les murs de la prison se reflètent dans le miroir. Il coupe soudain le moteur, plonge son visage dans ses deux mains jointes et éclate en sanglots bruyants...

– Alors, on a vu son papa ou sa maman?
Narquois, massif, en maillot de corps, Nanard, le plus

âgé de la cellule, obsédé par le culturisme et par la rondeur de ses biceps et de ses pectoraux, interroge Thierry. C'est une vraie caricature de jeune caïd.

En haut des lits superposés en métal, une forme s'agite sous la couverture : c'est l'heure du plaisir solitaire pour Morhan. Au-dessus du lavabo, le poste de télé diffuse un feuilleton américain. Thierry ne voit pas souvent la télévision : les deux codétenus le punissent fréquemment, et il doit se tenir sur son lit, le dos tourné à l'écran, tandis que les deux autres se délectent d'émissions de jeux et de variétés.

– Tu peux répondre, ouais, quand je te parle! reprend Nanard.

L'adolescent range les livres offerts par son père sur une petite étagère qu'il a constituée avec des boîtes de conserve vides. D'un geste violent de la main, Nanard renverse l'installation de fortune et agrippe Thierry par les cheveux. Il fait un aller et retour dans la cellule en le tirant à bout de bras.

– Alors, c'était qui? Tu accouches!

– Mon père, murmure Thierry. Lâche-moi, tu me fais mal!

Nanard maintient sa prise. Il la renforce même.

– Il t'a filé des thunes?

Thierry fait non de la tête. Nanard l'empoigne par la gorge, le soulève véritablement jusqu'à ce qu'ils se retrouvent nez à nez, l'embrasse brutalement sur la bouche en lui mordant la lèvre, puis il le repousse sur un lit.

– Menteur, dit-il, ils ont de l'oseille les commerçants! J'ai pus de quoi cantiner, moi... Faut qu'il l'envoie, son pognon, et vite, le paternel!

Thierry s'éponge la lèvre avec un gant de toilette.

– Il m'enverra un mandat de cinq cents francs la semaine prochaine.

– Cinq cents francs! C'est tout! Pas généreux, le vieux.

Nanard revient vers Thierry, qui tente de se protéger du bras.

– Allez, amène-toi! Pour ta peine, tu vas finir Morhan. Il aime bien que tu le suces, le bicot!

Une nouvelle fois, il soulève Thierry par les cheveux et le transporte jusqu'au pied du lit d'où émerge l'autre détenu.

Les yeux presque révulsés, transpirant, le visage congestionné, Morhan tend son sexe en érection vers la bouche de Thierry, qui se débat.

Nanard renforce sa pression et plaque le visage de l'adolescent sur le bas ventre de l'autre détenu.

C'est ainsi que se déroule, depuis plus de trois mois, la détention du jeune garçon. Thierry subit les sévices sexuels des codétenus, s'occupe de tout dans la cellule, fait le ménage, améliore la cuisine et répond aux exigences variées de Nanard, qui l'appelle « ma geisha ».

Menacé en permanence, Thierry n'ose pas se plaindre aux gardiens. Il pense que, de toute façon, cela ne servirait à rien. Les matons savent bien ce qui se passe dans les cellules et Thierry a même entendu l'un d'eux dire :

– Tant qu'ils s'enculent, ils nous foutent la paix. La baise et la télé, c'est radical contre les révoltes !

Le mercredi soir constitue la soirée folle de la cellule. Thierry la redoute par-dessus tout à cause de cette émission érotique qui met Nanard et Morhan en véritable transe sexuelle.

– Tu as gardé les nouilles ? demande Nanard.

Thierry fait un signe affirmatif de la tête.

– Elles sont tièdes, j'espère ? ajoute Nanard.

Sur l'écran du poste de télé, une nymphette entièrement nue s'agite en dansant.

– Donne-moi le gant de toilette et apporte la casserole, ordonne le fort en muscles.

– Putain ! les nichons qu'elle a pas ! hurle Morhan, debout sur son lit, le sexe à la main.

Allongé sur son matelas, Nanard plonge sa main dans la casserole, d'où il ressort une poignée de nouilles qu'il enfouit dans le gant de toilette. Il rejette la couverture sur ses jambes et glisse son membre dans le gant.

– Y a pas à dire, on n'a rien inventé de mieux pour imiter le con d'une gonzesse.

Les yeux rivés sur l'écran de télé, il se masturbe lentement dans le gant, en grognant de plaisir.

Les lumières sont éteintes depuis plus d'une heure. De temps à autre, un bruit de toux ou celui d'une porte électrique qui se ferme perce le silence du centre de détention. Les yeux grands ouverts dans le noir, Thierry tient dans la main droite, sous les draps, une fourchette. C'est son arme. C'est ainsi qu'il pense se protéger des agressions des deux codétenus. Il est à l'écoute du moindre soupir, du plus petit mouvement dans la cellule. Il retient même sa respiration pour mieux entendre, pour ne pas se laisser surprendre. Il ne ferme les yeux que lorsqu'il a vraiment la certitude que ses deux bourreaux dorment tout à fait.

Thierry cherche à fixer son attention sur un souvenir agréable. Il tourne la tête vers le bloc fenêtre au verre si épais qu'il ne parvient pas à voir le ciel et les étoiles. A force de concentration défilent peu à peu devant lui quelques-unes des images de ce film qu'il a tant aimé, comme de nombreux jeunes de sa génération. Plus encore pour lui, *Le Grand Bleu,* qu'il a vu au cinéma juste avant son incarcération, symbolise le désir d'une vie autre, la quête d'absolu. Progressivement, dans sa somnolence, il s'identifie au héros.

Il se voit plonger, glisser dans l'immensité océane. L'eau est indigo, fraîche sur ses épaules. La perception sous-marine est irréelle, féerique. Elle amplifie tout ce qui est alentour. Les plantes aquatiques, les roches dardées de couronnes d'oursins, les coquilles d'escargots de mer... tout lui semble posé là pour l'apaiser. Plus au fond, il se perd dans le gris calme de l'eau. Il sent le frôlement des algues longues qui serpentent sur ses flancs. Il a plongé en apnée. C'est si doux, si calme autour de lui.

Soudain, il sent une pression sur le bas de son ventre. Réveillé en sursaut, il ouvre les yeux, affolé. La grosse tête de Nanard est posée sur son estomac. Sa bouche a véritablement emprisonné le sexe de l'adolescent. Thierry cherche la fourchette pour se défendre. Nanard la tient dans la main, pointée vers la gorge du jeune garçon, contraint alors de se laisser faire.

Au bout de quelques instants, le plaisir qui sort de lui le déchire douloureusement. Il lui fait honte, lui donne envie de vomir.

– Tu vois que tu aimes ça, hein, mon petit salaud! murmure Nanard d'une voix cassée.

Puis il fait un signe de tête pour désigner Morhan.
– T'as pas intérêt à dire à l'autre que je te fais des pipes.
Thierry se retourne contre le mur, espérant enfin trouver le sommeil.
– A moi maintenant, ma petite geisha! lance le détenu.
Thierry se débat. Mais déjà le corps de Nanard pèse de tout son poids. La douleur monte progressivement en lui. Les lèvres serrées, il retient ses cris. Il ne veut pas que l'autre, Morhan, devine son humiliation. Il geint doucement. Des larmes brûlantes coulent sur ses joues. Il sent l'haleine forte de son tortionnaire sur sa nuque, sur son cou. La souffrance est si grande que le jeune garçon pense qu'il va mourir. La brute se répand en le serrant si fort par la cage thoracique que Thierry, à bout de souffle, s'évanouit. Qu'importe, au cours de cette nuit, Nanard sodomisera plusieurs fois le jeune corps inerte de l'adolescent.
A l'aube, Thierry reprend conscience peu à peu. Blême, souillé, maculé d'ecchymoses, dans l'incapacité de se déplacer dans la cellule, il voit la fourchette restée sur le bord du lit. Il veut tuer, cette fois. Nanard dort paisiblement sur sa couche. L'adolescent n'a plus qu'une idée : lui planter la fourchette dans la gorge. Il tente de se lever, il retombe sur son lit. Trop faible pour tuer, Thierry, en poussant un cri terrible, avale la fourchette.

Plusieurs mois se sont écoulés. Après une longue hospitalisation, Thierry rejoint le centre de détention. Il occupe aujourd'hui une cellule individuelle. Il suit des cours par correspondance. Il espère réussir son bac. Sa mère a pardonné. Ses parents viennent le voir chacun leur tour, toutes les semaines. Son avocat lui a confirmé qu'il bénéficierait d'une remise de peine.
A la dernière visite de son père, Thierry lui a dit :
– Tu sais, c'est vraiment fini pour moi, les conneries.
Puis, avant de quitter le parloir, il a lancé, au moment où le gardien s'apprêtait à fermer la porte :
– Tu me promets, papa... tu te remets pas à fumer!...

La tentation du suicide

par le professeur Mazet

Des souffrances intolérables, des situations dramatiques, des conduites de désespoir parfois irréparables : quelles réflexions peut-on faire après la confrontation à laquelle nous invite Claude Couderc ?

Ce sont, d'abord, des sentiments de sidération, de refus – « non, ce n'est pas possible » –, puis de révolte qui se manifestent et, après seulement, la tentative de compréhension de ce qui s'est passé, de ce qui pourrait se passer à nouveau. Viennent alors des explications et la recherche de la cause, privilégiant tel événement, telle attitude, telle parole parentale ou de l'entourage, tel élément de la situation sociale ou culturelle... Pourtant, au-delà de l'explication la plus apparente, émergent peu à peu des raisons plus profondes et bien plus inscrites dans l'histoire personnelle et familiale de l'adolescent ou de l'enfant. Les remarquables observations de Claude Couderc, rapportées avec tant de finesse, nous invitent en effet à ne pas en rester aux premières impressions, aux premières réactions émotionnelles, et à essayer d'aller plus loin dans l'appréhension de l'ensemble de la situation.

Quand un adolescent ou un enfant tente de se suicider, il y a toujours quelque chose qui se cache, une profonde blessure à découvrir avec beaucoup de tact, derrière les premières raisons avancées par l'adolescent lui-même.

Le suicide d'enfant ou d'adolescent est une chose scandaleuse, inacceptable et en même temps, il faut bien le reconnaître, fascinante par un certain côté.

Scandaleuse par le trait définitif que cet être encore jeune a tiré sur la vie; inacceptable par la terrible accusation qu'elle renvoie à l'entourage et aux adultes en général; fascinante par sa manière, directe, terrible, de nous confronter à la problématique de la vie et de la mort.

Les quelques lignes qui suivent sont-elles nécessaires? N'y a-t-il pas dans les récits de Claude Couderc tous les éléments permettant au lecteur d'apporter ses réponses, personnelles, aux questions qu'il peut se poser?

En quoi les réflexions d'un praticien et de son équipe, confrontés dans leur vie professionnelle quotidienne à ce type de situations, en quoi leur expérience, peuvent-elles apporter quelques éléments de réponse à ces questions : pourquoi, comment, peut-on se suicider ou tenter de se suicider si jeune?

Et que peut-on faire? Car on ne peut pas rester insensible à de tels faits, parfois à de tels massacres.

Avant d'essayer de pénétrer un peu mieux les raisons qui poussent un jeune vers le suicide, tentons d'approfondir la compréhension psychologique d'un geste – la conduite suicidaire –, d'en repérer l'intentionnalité, le sens qu'il a pour l'enfant ou l'adolescent (la fuite, l'appel, le châtiment, le désir de rejoindre un être perdu, un meurtre...) et, sur un plan plus général, sa signification ultime, au-delà de la diversité des situations personnelles, familiales ou sociales constituant le contexte dans lequel il survient.

Dans ce but, on peut peut-être, dans une première approche, faire les propositions suivantes pour, d'emblée, situer le problème et amorcer la réflexion :

– la conduite suicidaire implique, à un certain niveau, la manipulation par l'enfant ou l'adolescent de l'idée de mort. Je dis bien : l'idée de mort et non pas le désir de mourir car, bien que celui-ci soit souvent présent, nombre de conduites suicidaires sont probablement dues davantage à la fuite face à une situation intolérable;

– elle représente une attaque directe contre le corps,

contre soi. Elle met en jeu ce qu'on appelle volontiers un « passage à l'acte auto-agressif ». Remarquons que l'expression passage à l'acte a souvent, dans le domaine psychologique, une connotation plutôt négative; et pourtant elle met, il me semble, l'accent sur la notion d'agir, sur l'importance pour l'adolescent de se sentir actif, acteur;

– elle peut être aussi une manière indirecte d'attaquer des personnes significatives, les êtres chers que l'enfant ou l'adolescent a auprès de lui, en premier lieu, ses parents;

– elle témoigne parfois d'une grave problématique psychologique sous-jacente, telle qu'une dépression.

Bien entendu, au-delà, c'est toute la souffrance intolérable du sujet qui est en cause, quels qu'en soient les déterminants. Nous allons y revenir.

Exposons quelques chiffres pour fixer les idées : chaque année, en France, environ mille jeunes entre 15 et 24 ans se suicident, dont deux cent cinquante entre 15 et 19 ans. En France, comme dans la plupart des pays occidentaux, le suicide est devenu la deuxième cause de mort à l'adolescence, après les accidents et avant les tumeurs. D'ailleurs, ce nombre est probablement sous-estimé, dans la mesure où un certain nombre d'accidents peuvent être considérés comme des équivalents suicidaires et d'authentiques suicides camouflés en accident par l'entourage ou le suicidant lui-même. Il est habituel de dire que les tentatives de suicide sans décès sont, à cet âge, au moins 40 à 50 fois plus nombreuses que les suicides proprement dits, même si le nombre des tentatives de suicide est extrêmement difficile à connaître bien que la moitié d'entre elles fassent l'objet d'une hospitalisation. Notons, de façon plus générale, que le suicide n'est pas l'apanage de l'adolescent, puisque le taux de suicide augmente avec l'âge et devient même particulièrement important chez les sujets âgés. Ce qui n'enlève rien, bien entendu, au caractère dramatique du suicide lors de l'enfance ou à l'adolescence.

Mais revenons à cette période de la vie : on constate qu'en matière de suicide, il y a deux garçons pour une fille, alors que la proportion s'inverse lors des tentatives de suicide – deux filles pour un garçon. La gravité des actes suicidaires est donc bien plus grande, en moyenne, chez le garçon que chez la fille.

Deux faits méritent d'être particulièrement soulignés ici. D'une part, la fréquence des récidives lors des tentatives de suicide des jeunes, estimée à environ 30 à 50 %, ce qui veut dire qu'un adolescent sur deux ayant fait une tentative de suicide en fera une nouvelle; d'autre part, l'augmentation progressive des suicides et des tentatives de suicide dans les pays occidentaux ou industriellement développés, des jeunes dans les trente dernières années, même s'il semble qu'on puisse observer depuis peu une certaine stabilisation. Ce qui soulève la question : le suicide de l'adolescent est-il un problème de société? C'est un point sur lequel il nous faudra nous pencher plus loin, même si le psychologue ou le psychiatre, de par sa pratique centrée sur le sujet et son entourage proche, n'est évidemment pas le mieux placé pour en discuter.

Encore un chiffre concernant l'adolescence : environ un adolescent sur trois, entre 13 et 19 ans, a pensé au moins une fois au suicide. Ces idées concernent à peu près deux filles pour un garçon. Sur ce pourcentage, 7 % des collégiens (13 à 16 ans) et 10 % des lycéens (16 à 19 ans) ont des idées suicidaires fréquentes et durables.

Ce dernier groupe d'adolescents qui présentent ces idées fréquentes et durables, se différencie assez nettement du groupe des autres adolescents. Non seulement il comporte des idées suicidaires plus fréquentes, mais on trouve de façon statistiquement significative une consommation accrue de drogue, davantage de problèmes de rupture ou d'exclusion scolaire, et divers troubles du comportement. On observe également de façon plus fréquente des hospitalisations, soit du fait d'accidents, soit du fait de violences provoquées ou subies, telles que des bagarres. Les filles se caractérisent aussi par des troubles de type fatigue, difficultés de sommeil, nervosité, consommation élevée de médicaments psychotropes. Sur le plan relationnel, ces adolescents ont, en moyenne, plus de difficultés à parler avec leurs parents que les adolescents n'ayant pas d'idées suicidaires. En revanche, ils communiquent plus facilement avec leurs pairs, à qui ils confient volontiers ces idées.

Mais revenons au suicide et à la tentative de suicide. Essayons de manière plus précise de délimiter le champ des conduites qui les caractérisent.

Notons d'abord qu'on les définit classiquement comme « la volonté ou le désir conscient de se donner la mort ». Je pense qu'il faut garder cette définition; elle nous permet de savoir avec rigueur de quoi on parle.

Mais je crois qu'il faut aussi avoir à l'esprit bien d'autres conduites, qui s'apparentent au suicide : le caractère conscient de l'acte n'est pas toujours aisé à définir. On parle ainsi d'équivalent suicidaire ou de conduite à risques. Certaines prises de drogues à doses massives, certains refus de traitement lors d'une maladie, certaines conduites (anorexiques) de refus alimentaire, ne sont-ils pas de véritables équivalents suicidaires? Ainsi certains accidents, de la circulation notamment, ou bien encore le fait de « sniffer » du trichloréthylène ou d'autres produits solvants volatils (acétone, essence de térébenthine ou autres toxiques), ne représentent-ils pas des conduites à haut risque? En 1989, par exemple, six jeunes du Pas-de-Calais, âgés de 13 à 15 ans, en sont morts.

S'il est donc nécessaire de laisser à la tentative de suicide sa définition rigoureuse, il faut cependant savoir que, dans la pratique, les situations de transition sont nombreuses. Certains adolescents commettent un geste dont l'objectif délibéré est de se donner la mort; c'est d'ailleurs le cas de la plupart des enfants ou adolescents évoqués par Claude Couderc. Mais il en est d'autres qui se lancent dans une action, tout en sachant qu'elle peut être dangereuse ou mortelle, en disant : « Allons-y, on verra bien. » Enfin, il y en a qui se sentent excités par un risque pris, sans nécessairement vouloir se donner la mort ou penser à la mort, mais qui ont besoin de l'excitation provoquée par la prise du risque. Comme le souligne le professeur Marcelli [1] : *« Suicides, tentatives de suicide, équivalents suicidaires, conduites à risque, se situent sur un continuum où il n'est pas toujours aisé de placer des frontières pré-*

1. Je remercie vivement le professeur D. Marcelli, psychiatre d'enfants et d'adolescents à Poitiers, de m'avoir communiqué le texte d'une conférence récente qu'il a faite sur ce sujet.

cises, d'autant que l'adolescent brouille lui aussi les cartes, comme nous l'avons vu, puisqu'il peut transformer en accident ce qui était un geste suicidaire. »

Pourquoi des adolescents ou préadolescents se suicident-ils si souvent ? A défaut de pouvoir toujours répondre de manière précise et convaincante à une telle question, on peut, sur un plan général, invoquer plusieurs types de facteurs. Mais remarquons d'emblée qu'on peut se situer à différents niveaux d'approche du problème. Par exemple au plan individuel ou collectif ; au niveau du monde interne de l'adolescent ou au contraire à celui des circonstances extérieures ; au plan de l'intention consciente ou des raisons plus cachées voire inconscientes ; au niveau des facteurs les plus immédiats déclenchant la tentative de suicide ou à celui des facteurs plus lointains qui ont entraîné la vulnérabilité de l'adolescent et favorisé, secondairement, une telle réponse, etc.

Nous allons voir que tous ces facteurs sont, en fait, volontiers intriqués et souvent bien difficiles à démêler au sein de la complexité des situations auxquelles on est confronté.

Pourquoi à cet âge ? Pour un certain nombre de raisons, il nous faut considérer l'adolescence comme une période à risque sur le plan de la survenue de conduites suicidaires.

Nous venons de voir la fréquence des idées suicidaires chez les jeunes, lesquels sont encore plus nombreux à penser à la mort, non seulement à leur propre mort, mais aussi à celle de leurs proches (parents, amis). L'adolescence n'est-elle pas l'âge des questions existentielles : « Qui suis-je ? », « A quoi sert la vie ? »

Un autre facteur est aussi la tendance à l'agir ou, comme on l'a dit précédemment, au passage à l'acte. Celle-ci traduit volontiers, en effet, la tendance à s'affirmer, le besoin de se sentir actif, acteur, et cela dans l'immédiat.

Mais on peut y voir aussi la marque, à certains moments, d'une tension trop forte, de sentiments de malaise, difficilement contenables, liés, entre autres, aux profonds remaniements corporels, sexuels et psychologiques qui touchent l'adolescent et qu'il peut vivre de manière conflictuelle.

On doit aussi parler des nombreux « deuils » que l'adolescent doit accomplir : deuil de son enfance d'abord; deuil d'un certain lien qu'il avait avec ses parents; deuil de l'idéalisation dont, enfant, il se sentait porteur auprès de ses parents; deuil également d'une certaine idéalisation qu'il faisait de ses parents... à un moment où il découvre peu à peu ses propres limites, celles des autres, et le monde des adultes.

Tout cela entraîne une certaine vulnérabilité de l'adolescent et rend compte, jusqu'à un certain point, des flottements fréquents du sentiment d'identité et de l'estime de soi que présentent beaucoup d'adolescents.

Est-ce à dire pour autant qu'une tentative de suicide peut être l'expression, certes exagérée mais tout de même « normale », de la seule « crise d'adolescence » ? Sûrement pas! Ma réponse ne fait d'ailleurs que rejoindre celle de nombreux collègues amenés à s'occuper d'adolescents.

En effet, une conduite suicidaire, aussi minime soit-elle en apparence et quant à ses conséquences physiques, ne peut être considérée comme une réponse satisfaisante aux conflits inhérents à l'adolescence et à une crise juvénile « normale ». J'évoque là, bien entendu, la situation où l'adolescent n'est pas confronté à des circonstances extérieures et à un environnement particulièrement défavorables, mais à la seule problématique, interne, de quelqu'un qui doit assumer progressivement les importants changements qui caractérisent cette période de la vie. Dans ces conditions, une telle conduite suicidaire paraît doublement « anormale » parce que, à une situation certes conflictuelle et éventuellement difficile, l'adolescent répond par une conduite agie et non pas par un travail de réflexion et d'élaboration mentale de ses conflits internes; et parce que cette réponse agie l'est dans un sens purement destructif. On peut donc en inférer que cet adolescent est, d'une part, psychiquement mal armé pour faire face aux tensions et situations conflictuelles de cette période et que, d'autre part, il ne s'aime pas et ne se respecte pas suffisamment pour pouvoir prendre soin de lui et veiller sur lui notamment sur son corps.

Faut-il dire alors que toute conduite suicidaire correspond à une pathologie psychique? Sûrement pas non plus, comme on va le voir plus loin. En effet, 10 à 20 % seulement des conduites suicidaires s'inscrivent dans le cas d'une pathologie psychique avérée. Sans doute vaut-il mieux se poser la question de ce qui peut caractériser et a pu induire la vulnérabilité d'un adolescent amené à avoir une telle réponse suicidaire aux difficultés ou aux drames de son existence.

Mais on peut voir aussi que le suicide concerne des enfants de moins de 12 ans, Claude Couderc nous le rappelle opportunément. N'est-ce-pas le cas de Kevin, âgé de 10 ans, qui se précipite du haut d'une falaise? D'Amélie, 12 ans, qui fait un véritable coma éthylique aigu à la suite d'une absorption massive d'alcool? De Guillaume, 11 ans, qui se tue avec une arme à feu?

Cette réalité d'enfants de moins de 12 ans qui se suicident, ou tentent de se suicider, est trop souvent méconnue ou niée, de manière involontaire et inconsciente, parfois délibérée, parce qu'elle est bien plus difficilement acceptable par les adultes. Cela dit, une telle réalité, même si elle est statistiquement beaucoup moins importante avant 12 ans, n'est pas pour nous étonner, car on retrouve chez l'enfant la même tendance à l'agir que chez l'adolescent, et surtout une grande dépendance à l'égard du milieu et, par conséquent l'impact majeur qu'ont sur lui des conditions environnantes très défavorables.

Deux questions, cependant, ne manquent pas de se poser en matière de conduite suicidaire chez l'enfant : celle du degré d'accession à une représentation suffisamment claire de ce qu'est réellement la mort, et celle du niveau de perception et d'anticipation par l'enfant des conséquences réelles de son geste.

On constate que tous les enfants et les adolescents, même vivant dans des conditions difficiles, ne sont pas amenés à tenter de se suicider. Pourquoi, alors, certains adolescents ou certains enfants franchissent-ils le pas?

Essayons d'avancer en situant d'abord la place de certains événements dans la survenue de conduites suicidaires.

Remarquons ainsi qu'on retrouve très habituellement chez ces jeunes, dans leur situation actuelle ou leur passé récent :

– des échecs, notamment scolaires, entamant ou fragilisant l'estime de soi;

– des ruptures affectives dans le domaine familial, personnel, amical ou amoureux, entraînant une vive déception, voire une angoisse d'abandon;

– des sentiments de culpabilité ou peut-être de dévalorisation, voire de honte.

Ces événements ont d'autant plus de chance de bouleverser l'adolescent ou l'enfant qu'ils viennent réactiver des expériences antérieures assez identiques – d'échecs, de séparations ou de ruptures – qui avaient entraîné chez eux une certaine vulnérabilité. De même leur survenue répétée dans des délais rapprochés, ou bien encore plus à la même période, entraîne un effet cumulatif ou de sommation qui en majore les conséquences. Il y a lieu, ici, de noter l'impact particulièrement traumatique d'un certain nombre d'expériences, même apparemment uniques ou isolées, qui peuvent être à l'origine de conduites suicidaires par la charge d'angoisse, les sentiments d'humiliation, de honte ou de culpabilité qu'elles peuvent induire : certaines violences sexuelles notamment, d'ailleurs rapportées dans plusieurs observations de Claude Couderc. Isabelle, confrontée brutalement à un comportement de séduction très trouble de son père; Laure, violée par son propre frère aîné; et, bien entendu, Thierry, subissant les sévices sexuels de deux co-détenus avec qui il partage sa cellule en prison. Combien de fois, après une tentative de suicide d'une adolescente, sommes-nous amené à entendre de la part du suicidant la relation de tels faits!

On voit bien dans ces trois derniers récits, mais aussi dans l'ensemble des observations de Claude Couderc, la part majeure qu'il faut faire à un certain nombre d'événements ou de conditions familiales et environnementales actuelles particulièrement difficiles à vivre. Cependant, la part respective des circonstances actuelles et de l'histoire passée, notamment d'une enfance malmenée sur le plan affectif pour toutes sortes de raisons, est souvent bien difficile à faire.

Cela m'amène à essayer de préciser le poids de l'environnement de l'enfant ou de l'adolescent dans le déterminisme de nombreuses situations suicidaires. Évoquons d'abord la place de la famille.

Tous les travaux, et cela est aussi illustré par les récits de cet ouvrage qui mettent précisément l'accent sur ce point, montrent l'importance de la dislocation familiale, des séparations familiales précoces, de manière plus générale des problèmes familiaux, de conflits parentaux persistants et incessants. Il en est de même de l'absence, au moins au plan symbolique, du père, en particulier dans les situations où il s'agit d'un adolescent garçon vivant chez sa mère.

D'autres conditions familiales, telles que l'alcoolisme ou les troubles mentaux, ou bien encore l'existence de tentatives de suicide ou de suicides d'un des parents ou de quelqu'un de proche dans la famille, sont très fréquemment retrouvées. Au moment où j'écris ces lignes, je suis amené à suivre une adolescente de 20 ans, brillante étudiante ayant toujours parfaitement réussi dans sa scolarité et ses études supérieures, qui vient de faire une tentative de suicide médicamenteuse quelques semaines après le divorce de ses parents, dont la mésentente était pourtant très ancienne. Le contexte familial est particulier : on note une dépression maternelle récidivante depuis plusieurs années, une relation conflictuelle et de grandes difficultés de communication avec son père, enfin le suicide d'un cousin germain trois ans auparavant, ceux d'une tante maternelle et de la grand-mère maternelle plusieurs années plus tôt. Cette adolescente, nettement déprimée, vient d'être hospitalisée dans une unité spécialisée pour adolescents.

Mais il est une condition familiale qui mérite d'être particulièrement relevée ici, c'est l'existence d'une véritable dépression familiale touchant l'ensemble des membres de la famille. N'est-ce pas ce qui se passe dans la famille de Kevin, qui se sent ainsi exclue du village – peut-être non sans raisons d'ailleurs –, rejetée, « maudite », avec un père qui « a renoncé à tout », une mère qui s'enferme dans sa relation avec ses enfants et Kevin dans son cahier?

Mais au-delà de toutes ces conditions, même dans des situations d'apparence plus banale, ce que l'on retrouve toujours au point de vue de l'enfant, c'est un sentiment d'incompréhension de la part de ses parents qui, selon lui, ne prennent en compte ni ses aspirations ni ce qu'il ressent. Les histoires d'Éric et de Guillaume illustrent bien le drame qui peut survenir quand la famille devient l'école, quand les parents ne voient plus dans leur enfant qu'un écolier qui a du travail à faire et qui doit réussir à tout prix.

Par ailleurs, comme le découvrent souvent les thérapies familiales entreprises à la suite de la tentative de suicide d'un adolescent, non seulement la famille de celui-ci est réfractaire au dialogue, mais elle ne permet aucune source de communication à l'extérieur de son cercle. Elle tend, de plus, à empêcher le dialogue entre ses propres membres et exige la discrétion et l'isolement de la personne suicidaire.

Un autre élément parfois mis en évidence lors d'une thérapie est le désir conscient ou inconscient des parents de se débarrasser de l'enfant, désir interprété par lui de façon concrète. C'est le concept de « l'enfant en trop » ou de « l'enfant sacrifié ». On a même quelquefois le sentiment que le suicide serait en quelque sorte « un infanticide différé », les victimes elles-mêmes se vouant à la réalisation du désir mortifère des parents. N'est-ce pas ce qui se passe pour Matthieu?

Sur un autre plan, il y a lieu d'évoquer ici l'importance de la scolarité dans la vie de l'enfant et de l'adolescent. Les enseignants et les responsables d'établissements scolaires sont-ils toujours suffisamment conscients de l'importance de leurs attitudes, de leurs paroles ou de leurs annotations sur le bulletin scolaire, pour leurs élèves et pour leurs familles? Les remarques systématiquement négatives, les exigences rigides et d'un autre temps, certaines décisions injustes, certains renvois ou orientations mal préparées créent parfois des catastrophes. Il ne s'agit évidemment pas, ici, de faire une critique généralisée des enseignants dont le métier est particulièrement difficile et exigeant, mais simplement de dénoncer l'incapacité et l'oubli d'un certain nombre quant à leur mission – tout faire pour intéresser l'élève à ses activités scolaires, pour qu'il y trouve du plaisir, comme dans les échanges et les relations qu'il peut avoir au sein de l'établissement où il travaille.

Il y aurait, évidemment, beaucoup à dire ici sur le climat de compétition scolaire effrénée qui existe de plus en plus en France, même depuis la maternelle, et qui va peser très lourd pour certains enfants, certaines familles et aussi certains enseignants. Combien d'enfants n'arrivent-ils plus à supporter de leurs parents ou de leurs professeurs cette attente de la réussite, et se dépriment?

Je n'ai pas besoin, par ailleurs, d'évoquer la manière dont peut être vécue, dans certaines conditions, la mise en internat, par un enfant ou un adolescent. L'histoire d'Éric est suffisamment claire pour ne pas insister davantage. Bien entendu, il n'en est pas toujours ainsi, loin s'en faut! Pourtant le sentiment d'être rejeté ou bien encore le sentiment d'isolement peuvent, sans entraîner, comme dans le cas d'Éric, un tel drame, venir faire souffrir bien inutilement l'enfant et perturber encore plus ses relations avec ses parents.

Ces sentiments d'isolement et de rejet familial, un jeune peut les vivre parfois dans toutes les institutions extra-familiales, par exemple un foyer de jeunes. Ne parlons évidemment pas ici de l'horreur de la prison et de ce qui est survenu à Thierry. Dieu merci! Les juges d'enfants font tout, dans la très grande majorité des cas, pour éviter de telles choses, quand ils le peuvent.

Il me semble intéressant d'évoquer rapidement le film de Peter Weir, *Le cercle des poètes disparus,* qui est sorti en France au début 1990, et dont le succès montre bien à quel point il a su toucher le public, notamment celui des jeunes. Il réalise, à mon sens, une illustration très remarquable de la dynamique familiale, scolaire et sociale, qui peut conduire un adolescent au suicide.

On y voit un groupe de lycéens, internes dans un établissement britannique, poussés par un maître, pourtant ancien élève de l'établissement, à chercher au fond d'eux-mêmes et de la poésie leur propre révélation mais à prendre aussi, de ce fait, le risque d'une rupture avec famille et institution. Comme le note tout à fait pertinemment le professeur Marcelli : *C'est un jeu dangereux qui broie l'un d'entre eux : acculé dans une impasse, cet adolescent est effrayé à l'idée de perdre les objets d'amour de son enfance, c'est-à-dire ses parents, en ne faisant pas ce qu'ils attendent de lui. Il ne peut pas prendre le risque de les décevoir, notamment son père, et de leur dire qu'il refuse désormais les projets qu'eux, parents, avaient formulés quand il était enfant. D'un autre côté, il ne peut pas non plus renoncer à la fascination de son désir, celui d'être acteur, ni prendre le risque de décevoir celui qui a canalisé cette révélation, son maître en poésie, son professeur principal, Mr Keating. Il n'a d'autre issue que de retourner contre lui une agressivité inassumable avec, en outre, le bénéfice de jouer le rôle magnifique de l'innocente victime expiatoire.*

Entre, d'un côté, une totale incompréhension – celle d'un père d'une surdité, d'une cécité et d'une rigidité effrayantes, comme celle d'une mère complètement soumise à son mari – et, de l'autre, une trop excessive séduction – celle d'un professeur imprudent et par certains côtés provocateur, (*Carpe diem*, c'est-à-dire profite du jour présent, telle est la première devise qu'il propose à ces élèves) –, l'adolescent s'en prend à ce qui lui reste : lui-même et son corps. Ce remarquable film a fasciné et fascine nos adolescents, et fait du même coup la fortune de sa maison de production. A ce propos, puis-je donner un conseil, totalement désintéressé, à tous ceux qui ne l'ont pas encore fait, notamment les adultes : celui d'aller voir le film, car il est un remarquable exemple cinématographique, malgré son côté un peu simplificateur, de ce qui peut conduire un adolescent au suicide.

De nombreux travaux épidémiologiques ont essayé d'appréhender le poids du niveau socio-économique du suicidant, de son milieu familial, de la religion et de l'ethnie, de son intégration sociale. Il n'est évidemment pas possible, ici, de discuter tous ces points. Je souligne simplement le fait que les crises économiques et le cortège de détresses sociales, de chômage ou de sombres perspectives d'avenir pour les jeunes, semblent s'accompagner d'une augmentation sensible du nombre de suicides.

Les situations des familles déplacées ou immigrantes représentent un autre aspect du problème. L'histoire de Nadia, d'origine maghrébine, habitant Marseille et vivant mal, après un séjour à Alger, la conscience de sa double appartenance culturelle, en butte aussi aux harcèlements et à la rigidité d'un frère aîné intégriste plus que convaincu, témoigne dramatiquement de l'impasse dans laquelle une telle adolescente peut se retrouver. Il apparaît utile, ici, de noter que les recherches épidémiologiques récentes ont mis en évidence, en France, un taux de suicide plus important chez les jeunes filles maghrébines – elles font 4 fois plus de tentatives de suicide que les non maghrébines au sein de la population générale. Sans doute faut-il y voir le résultat d'un difficile croisement entre la « déculturation » et les mouvements conflictuels de l'adolescence. Cette notion d'aculturation brusque et de changement soudain des valeurs sociales rejoint celle, plus classique, d'anomie, de Durkheim. L'anomie, c'est-à-dire l'état de désintégration des normes sociales, favoriserait, selon lui, la survenue de suicide. On peut, sans doute, considérer que la majorité des populations migrantes se trouve dans une situation culturelle d'anomie.

Cela m'amène à aborder la question, évoquée brièvement un peu plus haut, de l'augmentation du nombre de suicides et de tentatives de suicide des jeunes depuis une trentaine d'années dans les pays occidentaux ou économiquement les plus développés. Plusieurs explications d'ordre sociologique peuvent être proposées. Je me contenterai ici, en raison de mon incompétence dans ce domaine, d'évoquer un ou deux points qui ne sont vraisemblablement pas étrangers à une partie du malaise de certains adolescents :

– Constatation d'une grande banalité : le monde actuel est un monde en profond changement où tout va vite. C'est un facteur d'insécurité qui favorise chez tout un chacun, et chez l'adolescent en particulier, la perte de repères stables et un éventuel recours à l'agir;

– la valorisation de la réussite à tout prix, scolaire, professionnelle, sociale et personnelle dans une société de compétition effrénée, a toutes sortes de conséquences, tant en ce qui concerne des parents absorbés dans leurs propres désirs de réussir professionnellement, qu'en ce qui concerne l'adolescent désireux de répondre aux attentes de ses propres parents comme aux exigences de son propre besoin de réussite;

– la disparition de certaines valeurs traditionnelles, spirituelles ou collectives au profit d'autres valeurs plus fragiles, – le souci du bien-être individuel matériel notamment – jouerait également un rôle non négligeable dans la déstabilisation de nos adolescents. A cet égard, il y aurait beaucoup à dire de l'attitude de la société face au suicide en général et à celui des jeunes en particulier. Car si elle a notablement évolué dans le sens d'une plus grande tolérance envers ce phénomène, elle reste encore bien ambivalente, le stigmatisant à la fois comme un échec, une faillite, une déviation ou une maladie, même si, par exemple dans le cas du sacrifice de Jan Palach, en Tchécoslovaquie, le suicide d'un adolescent peut avoir, sur le plan social, une fonction sacrificielle qui a fait beaucoup plus que la force.

Retournons à l'adolescent ou à l'enfant. Nous venons de le voir, les événements, les conflits familiaux et les difficultés sociales peuvent, en des combinaisons variables à l'infini, cumuler leurs effets et peser d'un poids très lourd dans la survenue de conduites suicidaires. Bien souvent, cependant, ils viennent révéler les zones de fragilité, jusqu'à parfois les masquer, de la personnalité de l'adolescent.

Dans l'important travail épidémiologique sur les suicides et les tentatives de suicide à l'adolescence réalisé par A. Philippe et M. Choquet, il est intéressant de noter que sur un échantillon représentatif de lycéens, les suicidants (c'est-à-dire ceux qui ont fait une tentative de suicide) se révèlent différents des autres lycéens dans plusieurs domaines : importance des sentiments de dévalorisation et des tendances dépressives, difficultés scolaires, fréquence des conflits intra-familiaux.

Au cours de nos entretiens avec ces adolescents, nous

notons une vulnérabilité majeure aux séparations, aux ruptures affectives et relationnelles, à tout événement qui prend pour eux la signification d'une « perte », vécue alors comme une profonde blessure narcissique, c'est-à-dire une expérience particulièrement douloureuse mettant en cause l'image de soi, l'estime de soi. Combien de fois, dans les lignes qui ont précédé, ai-je évoqué l'existence de sentiments de dévalorisation? Ces derniers s'accompagnent presque toujours d'autres sentiments de dépression, d'isolement, d'impuissance de ne pouvoir se sortir de la situation vécue...

L'existence de tels sentiments dépressifs pose, bien entendu, la question de l'existence d'un véritable état dépressif. Cette question a donné lieu à de nombreux débats parmi les professionnels amenés à s'occuper des jeunes suicidants. Elle paraît, pourtant, appeler une réponse, évidente semble-t-il : comment pourrait-on chercher à se tuer sans être déprimé? La réponse est cependant plus complexe qu'il n'y paraît.

Statistiquement, l'adolescent suicidant n'est pas toujours, loin s'en faut, un adolescent déprimé au sens fort, médical, du terme, avec son ensemble symptomatique caractérisé par son ralentissement psychique et moteur, ses manifestations somatiques de fatigue, de troubles du sommeil et son vécu psychique fait de souffrance morale, d'auto-accusation et de culpabilité. Pourtant, comme on vient de le souligner, on ne peut pas ne pas noter certains éléments dépressifs chez l'adolescent suicidaire : incapacité à travailler – un des premiers signes –, impression d'avoir peu, ou pas du tout, de valeur personnelle, sentiment de honte ou bien encore de culpabilité. N'est-ce pas le cas de Kevin, d'Amélie, d'Isabelle, d'Éric, d'Anne et de Guillaume, qui expriment, avant leur conduite suicidaire, leur peu, ou manque, d'intérêt pour quoi que ce soit, leur solitude et leur sentiment d'être incompris?

Cela dit, il ne faut pourtant pas confondre la présence de ces symptômes dépressifs avec l'existence d'une pathologie psychiatrique caractérisée. En général, ces adolescents ne souffrent d'aucune maladie mentale. Seuls 10 à 20 % d'entre eux relèvent réellement d'une psychopathologie caractérisée – par exemple une maladie dépressive proprement dite, une désorganisation psychotique aiguë, ou plus prolongée, de la personnalité comme peut en réaliser, dans ce dernier cas, un processus schizophrénique, c'est-à-dire de dissociation de la personnalité.

Quoi qu'il en soit, on peut dire, de manière plus générale, que toute conduite suicidaire traduit une très vive souffrance psychique, qui vient perturber tous les secteurs de la vie mentale, affective, relationnelle mais aussi cognitive. Cette souffrance empêche l'adolescent de penser rationnellement et c'est pourquoi toutes les tentatives de se situer à ce niveau de pensées, « raisonner » sa souffrance par exemple, sont bien souvent vouées à l'échec.

Peut-on maintenant, au-delà du contexte situationnel et psychologique individuel, dégager un sens ultime à une conduite suicidaire?

Signification de fuite, d'appel, de châtiment, désir de rejoindre un être perdu? Certainement, chez tel ou tel adolescent. Mais y a-t-il quelque chose qui pourrait constituer une sorte de trait commun à toutes les conduites suicidaires?

On peut se le demander. Ne faut-il pas, en effet, voir en elles une attaque, et même, dans certains cas, un meurtre, contre son propre corps, contre soi? Dans un climat de grande solitude, d'isolement psychologique et social, d'impuissance, dans un contexte aussi de non-respect de soi, ne renvoient-elles pas à une grande violence, qui ne peut se décharger contre quelqu'un d'autre? N'y a-t-il pas dans la conduite suicidaire un véritable processus de retournement contre soi de son agressivité? De retournement radical du sentiment d'impuissance à celui d'une toute-puissance, sur soi, sur sa vie et son destin et, d'un certain point de vue, sur les autres? D'un retournement, également, du sentiment de sa propre passivité à celui d'être actif, acteur, comme je l'ai déjà dit?

Quand un jeune tente de se suicider, à qui essaie-t-il de dire adieu? A quoi? Aux personnes significatives de son existence, à ses parents, à tel ou tel proche etc., bien entendu. Mais la survenue d'une conduite suicidaire n'est-elle pas, d'un certain point de vue, un adieu impossible à l'enfance? L'ouvrage récent d'Alain Braconnier, *Les Adieux à l'enfance*, me fait me demander si, précisément, un tel adolescent n'est pas dans l'impossibilité de dire adieu à son enfance. Je serais tenté de le penser. De la même façon, dans une autre formulation, on peut se demander si une telle conduite suicidaire n'est pas le signe d'un impossible au revoir à ses parents, c'est-à-dire d'une séparation qui ne peut que déboucher sur une disparition définitive des uns ou des autres.

Quel est donc l'avenir d'un jeune qui a fait une tentative de suicide?

Il est évidemment essentiel de se poser une telle question dont la, ou les, réponses fournissent autant d'éléments d'orientation pour l'aide et le soutien qu'il y a lieu de lui apporter. Il existe assez peu d'études longitudinales ayant suivi pendant de nombreuses années des enfants et des adolescents suicidants, et permettant d'avoir des données extrêmement précises sur leur devenir. Toutes, cependant, indiquent que les adolescents qui commettent un acte suicidaire font partie d'un groupe à risques dont le devenir lointain n'est pas dépourvu de risques pathologiques majeurs. Ainsi, dans une étude catamnestique, c'est-à-dire dans un suivi longitudinal, de 1 547 enfants et adolescents suicidants, Otto a trouvé un pourcentage inquiétant de décès par suicide, mais aussi par accident ou même par maladie, pourcentage nettement plus élevé que dans la population générale : 11,3 % des garçons et 4 % des filles qui avaient fait une tentative de suicide étaient décédés dans les dix à quinze ans suivant cette première tentative (le pourcentage comparatif de la population générale étant respectivement 1,6 % et 1,8 %). En outre, un nombre élevé d'adolescents devenus adultes était en situation d'invalidité ou avait subi des condamnations pénales dans un pourcentage significativement plus élevé que dans la population témoin.

Certes, il s'agit là d'études épidémiologiques et on peut toujours trouver un cas particulier qui illustre le contraire. Cependant, ces chiffres doivent justifier notre vigilance. Pour ma part, je me range résolument du côté de ceux qui considèrent la tentative de suicide à l'adolescence comme le témoignage d'un geste grave, d'autant plus que la menace de récidive est très importante.

En effet, ce sur quoi il faut insister, c'est bien la fréquence des récidives : 30 à 50 % des adolescents seront amenés à faire une nouvelle tentative de suicide. C'est le cas ici de Matthieu, d'Isabelle, d'Anne, de Laure. Ainsi, dans un nombre non négligeable de cas, on constate une escalade dans la gravité des gestes. A mesure des répétitions, le risque vital devient de plus en plus grand, la souffrance psychologique de plus en plus fixée et de moins en moins mobilisable par une action thérapeutique et des modifications de l'environnement.

Plusieurs éléments doivent être considérés comme indiquant un risque de récidive : l'existence d'un état dépressif net où le sentiment d'abandon, notamment, est particulièrement important; l'existence d'une angoisse qui monte peu à peu et que l'adolescent va volontiers exprimer sur la forme d'une « peur de craquer, une peur de ne pas pouvoir tenir le coup », peur qui lui fait d'ailleurs multiplier les contacts avec ses pairs ou des amis de passage en même temps qu'éviter le plus souvent de l'évoquer avec ses proches, en particulier ses parents; la multiplication des ruptures soit scolaires, soit amicales ou sentimentales.

Quand on suit un adolescent qui a déjà effectué un geste suicidaire, si on se trouve face à l'accumulation de ces facteurs, il est indispensable, selon moi, de mettre en place, sous différentes formes, une stratégie de prévention d'une récidive du comportement suicidaire, notamment une hospitalisation brève, un renforcement du suivi thérapeutique, une prise en charge éducative supplémentaire, une disponibilité et une attention plus grandes de l'entourage, etc.

Bien entendu, la prévention de telles récidives dépend beaucoup de la qualité de l'abord post-suicidaire immédiat et des mesures adoptées. Les suites de la tentative, comme on va le voir un peu plus loin, sont souvent un moment privilégié pour établir un dialogue avec l'adolescent. La famille doit être concernée et associée, au moins dans un premier temps, aux mesures thérapeutiques. Les capacités de mobilisation de la famille après la tentative de suicide d'un adolescent représentent un des éléments pronostiques les plus favorables. Il en est de même de la qualité de la prise en charge médicale et psychologique, faut-il le souligner?

Que peut-on faire? A cette question qu'on ne peut manquer de se poser face aux drames et aux souffrances qu'on vient d'évoquer, la réponse est évidemment fonction de la place qu'on occupe par rapport à l'enfant ou l'adolescent qui a tenté de se suicider, et du moment où on peut intervenir. Cette action peut en effet se situer, en ce qui concerne l'aide, le soutien, voire l'action thérapeutique à réaliser, après une tentative de suicide ou lorsqu'on a le sentiment qu'elle pourrait survenir. Elle peut aussi consister en une prévention beaucoup plus générale visant à éviter les conditions défavorables de l'environnement, notamment familial, scolaire ou social. Dans ce dernier cas, il est probablement utopique de penser qu'on pourrait réaliser une prévention idéale qui soit telle que les adolescents n'accomplissent plus d'actes suicidaires. La prévention primaire des tentatives de suicide à l'adolescence est probablement davantage un vœu pieux qu'une possibilité d'action concrète, ce qui ne veut pas dire que les adultes ne doivent pas se poser des questions sur les conditions d'existence qu'ils proposent aux jeunes. N'oublions-nous pas trop souvent, nous les adultes, nos devoirs à l'égard de nos enfants, et leurs droits? Leur droit notamment à trouver toujours, dans la famille et dans le milieu scolaire, toutes les conditions optimales à leur bien-être et à leur développement psychologique.

Cela dit, je ne peux que rester ici au niveau des attitudes et des paroles, voire des décisions, qui vont permettre à l'enfant ou à l'adolescent suicidant de retrouver espoir et confiance.

La première chose à faire est d'éviter, après une tentative de suicide, la banalisation, la dénégation ou le déni de la souffrance psychique de l'enfant ou de l'adolescent, des éventuels conflits intra-familiaux ou avec l'entourage. La tentative de suicide est une conduite toujours grave, je l'ai dit à plusieurs reprises, à prendre toujours très au sérieux, et qui traduit une vraie souffrance du sujet. Je dis bien, vraie souffrance du sujet, car il n'y a pas si longtemps, au cours d'un débat télévisé, j'ai entendu un important homme d'affaires, député d'une grande ville du Midi et dont l'aisance médiatique est tout à fait remarquable, dire, à l'occasion d'une campagne concernant des enfants ayant une maladie ou un handicap physique : « Eux, ils ont une vraie souffrance, une vraie douleur. Ce n'est pas comme les souffrances psychiques, elles, on s'en débrouille, c'est moins important... ». Comment peut-on dire avec autant d'assurance de telles contre-vérités, de telles horreurs ? Cela montre bien comment les problèmes psychologiques, à fortiori les troubles psychiques, peuvent être vécus par un certain nombre de personnes...

Cette banalisation est d'autant plus tentante pour l'entourage, les parents, les professionnels, que l'adolescent lui-même est tout à fait enclin à aller dans ce sens : « Ce n'est rien, j'ai craqué mais ça va mieux. Je ne sais pas ce qui m'a pris... mais je ne recommencerai plus. » Il faut se méfier d'autant plus de cette banalisation que certains adolescents, après avoir fait une tentative de suicide, sont en quelque sorte réconfortés, rassurés. Ils tirent de leur geste une sorte de puissance paradoxale, comme le note encore Daniel Marcelli : *Ils sont maintenant convaincus d'avoir été capables de le faire, et convaincus tout autant de pouvoir recommencer si les circonstances les poussent à nouveau. Ils tirent de cette conviction une sorte de sentiment de toute-puissance qui, temporairement, calme leurs angoisses. Ce sentiment fallacieux de toute-puissance est encore renforcé par les réaménagements que cet acte suicidaire entraîne dans l'entourage de l'adolescent : les parents se montrent touchés, compréhensifs, au moins en surface, disposés à quelques concessions ; les copains deviennent respectueux, inquiets mais aussi fascinés par celui qui a osé ; les exigences des enseignants ou du patron s'atténuent...*

La tentative de suicide a, par elle-même, un certain pouvoir de changement. Mais, hélas ! l'exemple apprend que ces changements restent superficiels et transitoires sans une véritable action en profondeur, et que l'adolescent suicidant a bien des chances de retrouver assez vite sa situation antérieure.

Attention donc à certaines attitudes.

– la négation : « Il n'est pas suicidaire... il est malade. » La médicalisation opportune et maladroite peut être une forme de négation : « Vous manquez de vitamines, votre tension artérielle n'est pas assez forte, reposez-vous... ! », c'est ce que dit son médecin à Éric, qui lui a fait part du fait qu'il n'avait pas faim en pension. Dans un registre un peu différent, n'est-ce pas aussi ce que fait ce chirurgien orthopédiste qui fait sortir de son service un jeune de 20 ans, toxicomane en période de sevrage, qui a sauté du 2e étage dans un moment particulièrement difficile, sans qu'il se pose ou lui pose de questions sur les raisons de son geste, sans proposer un entretien avec une personne de l'équipe psychologique de l'hôpital?

– la minimisation : « Il est seulement fatigué... »;

– la banalisation : « Tous les jeunes ont pensé à ça... tout va rentrer dans l'ordre »;

– une réassurance maladroite : « Tu es un garçon formidable, tu vas t'en tirer ! »;

– l'expression de conseils du type : « Réagis, enfin ! »;

– ou bien encore certaines paroles du registre de l'injonction morale : « Tu ne peux pas faire ça à tes parents, pense à eux ! »

On peut imaginer toutes sortes de formulations qui constituent des expressions parfois particulièrement insidieuses de la méconnaissance de la souffrance et de ce dont a besoin l'adolescent qui vient de se suicider.

Car ce dont il a besoin, c'est de se sentir compris, de sentir qu'on perçoit sa détresse, son désespoir, son isolement et qu'on est réellement prêt à l'entendre. C'est dans ces conditions-là, même après un premier contact parfois difficile, qu'il peut progressivement exprimer sa douleur, ses blessures, ses déceptions et ses aspirations.

Tout ce qui peut aller dans le sens du rétablissement d'échanges, d'une meilleure communication, souvent rompue ou distordue, au sein de la famille, entre le jeune et ses deux parents, doit être entrepris.

Les professionnels ont un rôle de médiation essentiel entre les différents protagonistes de la situation. Une hospitalisation à la suite d'une tentative de suicide qui ne débouche pas sur une action au niveau de la famille, l'absence ou l'impossibilité d'entretiens familiaux, sont des éléments qui sont particulièrement préoccupants pour l'avenir. De ce point de vue, l'aide et le soutien psychologique auprès de l'enfant peuvent revêtir différentes modalités. En tout cas, l'objectif du travail thérapeutique auprès d'un enfant ou d'un adolescent suicidaire est de lui permettre de discerner les désirs qui sont légitimes, de rechercher les moyens pour rehausser l'estime de soi et de diminuer impuissance et désespoir, en renforçant notamment les liens constructifs qui l'unissent au thérapeute et aux autres intervenants. Il vise aussi à briser l'isolement de l'adolescent en formant une bonne alliance de travail pour qu'il puisse repenser son désarroi et rejeter l'option suicide. De la même façon, il vise à l'aider à partager ses émotions et à exprimer ses désirs. Lorsqu'une solide alliance est établie durant l'intervention de crise, juste après la tentative de suicide, il sera possible ultérieurement, dans un certain nombre de cas, par des entretiens plus prolongés, de s'adresser aux conflits psychiques profonds et aux problèmes liés au développement de l'adolescent.

Est-il besoin de dire aussi à quel point la très grande majorité des parents sont au fond d'eux-mêmes bouleversés par la tentative de suicide de leur enfant? Leur détresse, leur sentiment d'échec et de culpabilité sont souvent très vifs et ils ont besoin, eux aussi, de se sentir soutenus et compris dans cette période particulièrement douloureuse. Aussi, malgré leur réserve parfois, voire leur réticence, il est essentiel de s'adresser à eux, de pouvoir tout faire pour réellement les aider et entreprendre des entretiens familiaux.

Il y aurait lieu, bien entendu, d'évoquer aussi ce qui peut se passer chez les professionnels eux-mêmes lorsqu'ils sont amenés à accueillir médicalement aux urgences, ou à s'occuper sur le plan psychologique, d'enfants ou d'adolescents qui ont tenté de se suicider. Ils ne sont pas plus que les autres à l'abri de mouvements affectifs parfois bien ambivalents à l'égard de celui ou celle dont ils s'occupent. Il est tout à fait essentiel qu'ils puissent reconnaître cette éventuelle ambivalence, c'est-à-dire l'association aux sentiments d'intérêt qu'ils peuvent éprouver à son égard, de sentiments plus négatifs, voire de colère envers lui. Il y a lieu de se poser la question des raisons de cette éventuelle colère ou de ce peu d'intérêt pour tel ou tel patient, car cela nous renvoie, bien entendu, à nos propres problèmes personnels.

« Nous ne voyons pas, n'entendons pas ceux qui souffrent,
et tout ce qui est effrayant dans la vie
se déroule quelque part dans les coulisses.
Tout est calme, paisible et seules protestent les muettes [statistiques... »

A. TCHEKOV.

Ces quelques lignes, bien pessimistes évidemment, ont le mérite de montrer le risque, voire la fréquence, de la méconnaissance du monde interne de l'autre, ici un jeune en détresse, et de nous inciter en retour à être suffisamment vigilants pour percevoir au-delà du calme apparent la tempête, ici les manifestations d'une souffrance qui, si elle n'est pas prise en compte au bon moment, pourra entraîner la mort.

Table des matières

Achevé d'imprimer sur les presses de

BUSSIÈRE

GROUPE CPI

à Saint-Amand-Montrond (Cher)
en avril 2002

POCKET - 12, avenue d'Italie - 75627 Paris Cedex 13
Tél. : 01-44-16-05-00

— N° d'imp. : 22424. —
Dépôt légal : février 1993.

Imprimé en France